一玩再玩！

首爾

怎樣都好玩

談曉珍（Midori）　著

作者序

在一頭栽進韓流世界之前，我是個徹徹底底的哈日族，大學念的是日文系，韓文……！？大概只知道一句「阿妞」吧（笑）！因緣際會在日本留學時認識了同為留學生的韓國朋友，並在一次探友之旅中，牽起了我與首爾的緣分。

對於一個哈日族來說，在首爾旅行就像探險一樣充滿刺激，即使一句韓文也不會，但反而能更仔細地去觀察這城市的魅力。就這樣去一次不夠，緊接著第二次、第三次……，每次去首爾都有不同的新發現，就像在挖寶一樣，而這寶山的寶物居然源源不絕，讓人不禁深深地愛上了這個城市。

當瑞蘭國際出版向我提出撰寫首爾旅遊書的邀約時，坦白說一開始其實非常驚訝。我？首爾旅遊書？不是日本？但在編輯的說明下，明白比起一個熟門熟路的哈韓族，他們更希望一位挖掘到首爾魅力的人和讀者一起分享不懂韓文也能隨心所欲、暢遊首爾的資訊，於是出書計畫就此定案。

不知不覺花了將近一年的時間籌備這本《一玩再玩！首爾怎樣都好玩》。首先，要非常感謝小象姐（謝謝小象姐、謝謝小象姐、謝謝小象姐。因為很重要，所以要說3次），沒有小象姐就沒有這本書。還要謝謝跟我一起上山下海、鐵血取材的家人和好友康毓，沒有你們陪我一起斷腿，也沒有這本書。再來要感謝瑞蘭國際出版的愿琦和仲芸，謝謝你們給我這個機會，並給我很大的空間去發揮。特別要謝謝辛苦的家如，忍受我的龜毛與龜速，給我無限的鼓勵與中肯的意見，妳真的是我見過最溫柔又善良的編輯。還要謝謝辛苦的美編MEGU，補足了我許多不足之處，盡最大可能接受了我的任性要求，沒有妳就沒辦法讓這本書美美登場，還是那句老話，請不要怨恨我（笑）。

最後，希望這本書能帶給想去首爾卻猶豫不決的人提起腳步的勇氣，也希望這本書能為大家的首爾自由行帶來一些幫助。至於首爾的魅力，就等待各位親自去體驗、去感受囉！阿妞～我們首爾見^^

談曉珍（Midori）

去首爾前一定要注意的10件事……

Q1. 去首爾需要簽證嗎？

不需要。目前以觀光或是訪問為目的前往韓國，可免簽證停留90天。但是，千～萬別忘了確認護照期限哦！

Q2. 該怎麼換錢呢？

韓元，標準代號為KRW，本書以₩作為表示。除了可預先在台灣的銀行換好韓元外，若想要換到比較好的匯率，也可以到了首爾當地再去民間換錢所兌換。一般而言，因為明洞換錢所眾多、競爭較激烈，所以也能換到比較好的匯率。但若未安排明洞之行，特別跑去明洞一趟也不划算，不妨搜尋一下住宿點附近是否有換錢所，像是熱鬧的弘大商圈也有多間；不過即使區域相同，匯率也會出現極大差距，最好多加比較。

即使同樣是位於弘大的換錢所，這間稍微遠離主街的換錢所卻能換到較好的匯率。（弘大Travel depot；弘大入口站2號出口出來直行1分鐘）

Q3. 首爾的交通方便嗎？
　　從機場要怎麼進市區呢？

　　首爾交通相當便利，在市區遊玩最簡單的方式就是乘坐地鐵。除了有為外國旅客設計的M pass1～7日券等觀光交通卡外，為了方便起見，建議最好能在車站或各大便利商店購買T-MONEY交通卡（儲值卡；全韓通用），此卡搭乘公車、地鐵、貼有T-MONEY標誌的計程車時皆可使用。

T－MONEY交通卡。（KAKAO FRIENDS 吃貨版）

　　從機場進入市區，可搭乘巴士、計程車或是地鐵。以搭乘地鐵到首爾站為例，金浦機場搭乘淺藍色機場快線的話，路程大約是30分鐘。而從仁川機場坐到首爾站則有直達列車（橘；₩14,800）和普通列車（藍；₩4,250）這2種選擇，二者車程差距約13分鐘，就算乘坐普通列車也只要1小時就能抵達首爾站。

跟隨KTX（韓國高速鐵道）標誌一路往下。

藍色普通車在左。

橘色直達車在右。

關於本書介紹的店家與觀光地相關地圖，請參考書後附贈的簡易地圖，或透過本書封面折口附上的QR Code，連結至本書特別製作的「Google Map」，有了特製的Google Map，到了首爾當地只要連上網路，就能暢行無阻。想參考首爾中文地圖的朋友，也可上網搜尋備有中文介面的「韓巢地圖」。

Q4. 首爾和台灣有時差嗎？

有。首爾和台灣有1個小時的時差，台灣中午12點，等於首爾的下午1點哦！

Q5. 該怎麼選擇住宿？住宿上需要注意哪些事情呢？

首爾除了一般的飯店、公寓式酒店（附廚房）、民宿之外，也有傳統的韓屋可以選擇。而服務費已包含在住宿費中，因此原則上不需要給小費。除此之外，有些飯店因為響應環保的關係，所以不提供牙刷，因此最好事先確認清楚或自行攜帶。

Q6. 去首爾旅遊該避開哪些時期呢？

最好能避開春節連假和中秋連假。這兩大節日很多店家、餐廳都會休息，市場也會休市，所以最好能盡量避開。別以為餐廳至少會營業，本人就曾在中秋連假造訪首爾，會開店的店家真的是少之又少，完全沒地方可去（冏）。

Q7. 首爾的電壓和台灣一樣嗎？

台灣電壓為110V，首爾為220V。雖然目前的電器用品幾乎都能支援全球各地的電壓，而且新一點的飯店也備有扁式插座，不過有些飯店還是只有圓孔插座，必須接上轉接頭才能使用，因此最好預先準備！

Q8. 首爾的地址該怎麼看呢？

　　大家看韓劇或韓綜時應該經常聽到清潭洞、平昌洞、XX洞對吧！這些舊地址因為編排較亂，常出現單雙號未分開，或是1號隔壁居然是50號等情況，別說外國人了，就連當地人也常弄不清楚，所以韓國政府這些年都在整編各地的新址。本書所標示的地址則為整編後的新址，並附上英文地址方便查詢。

Q9. 去首爾最好備妥哪些物品？

1. 布鞋或好走路的鞋子。首爾除了美食多，樓梯也超級無敵多， 因此絕不能少了一雙利於行走的鞋。

2. 禦寒衣物。日夜溫差較大，入夜後相差10度都有可能。

3. 乳液。因為天氣較乾燥，所以最好備好隨身用的乳液、護唇膏。

4. 腸胃藥。雖然也有很多不辣美食，但若準備吃辣、腸胃又比較脆弱， 最好做好準備。

首爾的樓梯又多又長。

**Q10. 一切都準備好了，
　　　 還有什麼要注意的嗎？**

　　有。請做好心理準備，因為你即將來到情侶超愛放閃的城市，擔心閃瞎者記得自行備好太陽眼鏡啊（笑）。

　　那麼，就讓我們一同踏上前往首爾之路吧！

首爾到處都可以看到手裡拿花的恩愛情侶，對對閃到不行。

目　次

一 突破肚皮的極限！！品嚐五花八門的餐廳美食

四 ‧ 甜點是另一個胃，甜點、麵包一把抓！

五 ‧ 八大熱門景點走透透！

六 ‧ 設定主題，漫遊首爾！

七 ┊ 挑戰包羅萬象的各種體驗！！

八 ┊ 逛逛逛！買買買！首爾精選自肥清單

九 ┊ 選個好禮物，奪得好人緣

十 ┊ 把握難得的機會，首爾近郊LET'S GO！

附錄

景點、店家資訊凡例

交 交通資訊	參 參觀時間	價 價錢、票價、費用	FB Facebook
址 地址	體 體驗時間	註 備註	封 封山期
電 電話	演 表演時間	網 官網	
營 營業時間	期 活動期間	程 行程、路線	
開 開放時間	休 公休日	IG Instagram	

突破肚皮的極限！！
品嚐五花八門的餐廳美食

聽說韓國的食物很辣？不吃辣的人也可以去首爾嗎？

想吃辣的話又有什麼推薦呢？來來來，就讓我們一起為韓

國料理著迷吧！吃辣的人也好、不吃辣的人也罷、獨自旅

行者也行，各式各樣的餐廳美食推薦就在這裡。

 01
公平洞烤盲鰻（공평동꼼장어）

　　還記得第一次吃到盲鰻時，一入口驚為天人，簡直不敢相信那是鰻魚，印象中的鰻魚應該帶有鬆軟的口感才對，但這盲鰻的肉質卻很Q彈又有咬勁，因此還一度懷疑阿祖嬤（아줌마：大媽）是不是送錯了。

　　「公平洞烤盲鰻」供應的盲鰻來自於釜山，肉質新鮮、口感絕佳。所謂的盲鰻是一種生活在海底深處，視覺並不靈敏的生物，體形和一般的鰻魚相

此店為2號店。（與1號店相隔徒步10分鐘左右的距離）

14

辣味三劍客

似，口感帶有咬勁，被韓國人視為滋補養生的名品。店員會將調味好的盲鰻烤過再端到顧客面前。一般來說盲鰻帶有強烈的腥味，但此店卻將盲鰻處理得相當好，再加上適當的調味，因此不但不帶一點腥味，吃起來還又香又夠味，放上烤網後只要稍微烤一下即可享用。（最好微焦）

這神奇的體驗也讓我對盲鰻留下深刻的印象。如果你還沒吃過烤盲鰻，相信它絕對能打破你對鰻魚的印象！！

除了辣烤盲鰻之外，此店的辣烤豬皮和辣雞爪也是不容錯過的佳餚啊！簡直可以說是此店的辣味三劍客。而黃豆粉則可搭配辣豬皮一起品嚐，辣勁十足的豬皮沾上了黃豆粉後，不但可以解油去膩，還能中和辣度！不過千～萬別忘了黃豆粉是粉，若入口時一個不留神、大口一吸，可是會嗆到的唷！

店家資訊

🚇 地鐵1號線鍾路3街站15號出口，徒步6分鐘左右

🏠 서울특별시 종로구 종로16길 32-4（관철동）
32-4 Jong-ro 16-gil, Jongno-gu, Seoul, South Korea

🕐 17：30～凌晨01：00（週六～24：00）

🚫 週日、春節、中秋連假

📋 備有中英文菜單

🍴 辣烤盲鰻（꼼장어）、辣烤豬皮（껍데기）、辣雞爪（뼈없는닭발）皆為₩10,000 / 200g

📞 02-2277-0777

⬆ 辣烤盲鰻、辣烤豬皮、辣雞爪。

🔵 搭配辣味三劍客的好夥伴。

⬇ 火辣辣的美食，最適合搭配香噴噴的蒸蛋啦！這家店的蒸蛋超好吃的唷！

青年辣雞爪1987（청년닭발1987）

　　無辣不歡的你，一定要來首爾吃個辣雞爪，挑戰一下自己的極限，尤其是這家位於弘大入口站附近的「青年辣雞爪1987」更是值得一試。此店無論店內店外皆洋溢著復古的氣息，入夜之後總是擠滿下了班的上班族，大家都愛來這裡邊喝酒、邊吃辣雞爪。而這裡的辣湯雞爪還真不是普通的辣呢！連習慣吃辣的韓國人都說辣！

此店裡裡外外都很復古。

左 辣到噴火的辣湯雞爪。　右 巨無霸蛋捲是解辣的好夥伴。

　　初次造訪此店的人，建議點店內的辣雞爪雙拼，雙拼的辣湯雞爪可選擇去骨或帶骨，而去骨雞爪的部分，也可選擇要不要帶有湯汁。上桌時建議先從去骨雞爪開始嚐起，去骨雞爪的辣度屬於一般人可以接受的辣度，但辣湯雞爪的麻辣程度就不是開玩笑的了，超－級－無－敵－辣！！！吃完會有一種想要噴火的感覺，大家也來挑戰看看吧！

店家資訊

交 地鐵2號線弘大入口站2號出口，徒步約3分鐘

地 서울특별시 마포구 동교로 218-1（동교동）
218-1 Donggyo-ro, Mapo-gu, Seoul, South Korea

營 17：00～凌晨05：00

註 英文可通

價 辣雞爪雙拼（반반닭발）
· 辣湯帶骨雞爪＋去骨烤雞爪（국물통뼈＋직화무뼈）　₩27,000
· 辣湯帶骨雞爪＋去骨湯雞爪（국물통뼈＋국물무뼈）　₩28,000
· 辣湯去骨雞爪＋去骨烤雞爪（국물무뼈＋직화무뼈）　₩29,000
· 青年蛋捲（청년 계란말이）　₩12,000

電 070-5025-1234

📍 03 HONG'S辣炒小章魚（홍스쭈꾸미）

辣炒小章魚這道料理在韓國辣味美食排行榜中，一定能擠進前3名，錯過絕對可惜。而這間「HONG'S辣炒小章魚」位於弘大入口站附近，走進店內會發現店裡幾乎都是當地人，很少外國觀光客，雖然外觀非常平凡，但卻是當地的排隊名店。

此店的祕密武器是運用20多種食材調配而成的醬料，別看它紅通通的好像很辣，那辣中帶甜的香濃滋味，一入口絕對會讓你欲罷不能；鮮嫩的小章

🡆 剛上桌的辣炒小章魚和五花肉

18

左上 煮到這個程度就可以開動囉！

右上 醃蘿蔔、豆芽、紫蘇葉是搭配辣炒小章魚的良伴！

左下 吃完別急著走，店員會用剩下的醬汁炒飯並鋪滿飛魚卵哦！（免費提供）

右下 怕辣的人也可以加點蒸蛋哦！

魚吃起來也不像大章魚一樣那麼負擔。若是怕辣的話，附餐也有美乃滋生菜沙拉可以解辣，並可搭配附餐的醃蘿蔔、豆芽、紫蘇葉包小章魚、五花肉一起享用。此外，最後的炒飯也是重頭戲之一，店員會利用剩下的醬料做成炒飯，並在上面鋪上滿～滿一層（注意！真的是滿～滿一層）飛魚卵，祕製醬料＋飯＋口感十足的飛魚卵，簡直就是小惡魔組合啊！（啊～尖叫聲）炒飯不但免費，辣炒小章魚多加個五花肉也才加₩1,000而已，真是佛心來著。

店家資訊

交 地鐵2號線弘大入口站8號出口，
　徒步約3分鐘

址 서울특별시 마포구 어울마당로
　146（서교동）
　146 Eoulmadang-ro, Mapo-gu, Seoul,
　South Korea

營 11：30～凌晨02：00

休 春節、中秋連假

註 備有中英文菜單

價 ・辣炒小章魚＋五花肉（쭈삼겹）
　₩12,000 / 人
　・蒸蛋（계란찜）₩4,000
　・週一～六午間優惠（쭈꾸미정식）
　（辣炒小章魚＋蒸蛋＋飯）₩7,500

電 02-325-7943

📍 04
滿足五香豬腳（만족오향족발）

　　這間創業約30年的豬腳名店所推出的五香豬腳，就連韓國知名節目「超人回來了（슈퍼맨이 돌아왔다）」裡的雙胞胎書言、書俊也為它深深著迷。而其美味的祕訣就藏在香料之中，除了運用百種藥材調味之外，此店當然也有他們不對外公開的商業祕密與黃金比例。豬腳每天都會運用自製湯頭煮過，再加入鮮辣又爽口的青陽辣椒，當天做、當天賣，絕不把隔夜肉賣給客人。

蒜味醋醬

而嚐過之後最令人驚嘆的其實是解油膩的各項法寶，除了無限供應的青辣椒、小黃瓜、蒜片、醃蘿蔔、泡菜之外，特製的蒜味醋醬和高麗菜絲，與味道香濃的豬腳簡直是絕配。請先把大量的高麗菜絲泡進蒜味醋醬裡，然後用豬腳搭配泡過的高麗菜絲一起享用，這麼一來五香豬腳的香濃滋味就會透過醋香轉換出一種酸中帶甜的清香，就算一大盤豬腳通通下肚，口中也不會殘留一絲油膩與負擔感。

店家資訊

🚇 地鐵2號線市廳站8號出口，徒步約2分鐘

📍 서울특별시 중구 서소문로 134-7（소공동）134-7 Seosomun-ro, Jung-gu, Seoul, South Korea

🕐 （平日）11：30～22：30
（週末）12：00～22：00

🚫 春節、中秋連假

💰 ・辣豬腳（오항불족발）₩34,000
・雙拼豬腳（原味、辣味各半）（반반죽발）₩34,000（中）

📞 02-753-4755

左 解油膩的各項法寶！

右 其實此店原本是間餃子店呢！附贈的清爽餃子湯超適合配豬腳。

🔼 滿滿一桌實在豐盛極了。　🔽 又香又Q的豬腳看了讓人食指大動。

番外篇：豬腳一條街

　　不吃辣的豬腳發燒友絕對不能錯過孔德的「豬腳一條街」，一整排的豬腳店任君挑選。這裡的特色是點豬腳還會附上血腸湯，以及血腸、豬肺、豬肝拼盤！那又香又Q的豬腳除了可單吃外，用生菜包著一起吃更是美味！再加上湯裡放了大量的紫蘇葉，一口豬腳、一口湯，既爽口又過癮！

店家資訊

韓方豬腳（豬腳一條街）

🚇 地鐵5號線、6號線孔德站5號出口，徒步約3分鐘

🏠 서울특별시 마포구 만리재로 19（공덕동）
19 Mallijae-ro, Mapo-gu, Seoul, South Korea

🕐 09：30～凌晨01：30

☎ 02-706-2126

生菜包豬腳，
嘴巴停不了。

🔵上 韓方豬腳（한방족발）

🔵中上 除了豬腳之外，辣中帶有醋香的辣拌麵也好好吃。明明很辣，但卻讓人忍不住一口接一口。

🔵中下 🔵下 附上血腸、豬肝、豬肺拼盤和血腸湯，是孔德豬腳一條街的特色。

 <u>05</u>
SUPERZIP辣炒年糕（슈퍼집）

吃膩了一般的辣炒年糕？那麼快來這間
GD權志龍、少女時代和東雲等藝人都愛來的
「SUPERZIP」嚐嚐改良版的辣炒年糕吧！

這間店的裝潢非常時尚，走的是工業風，而
店裡賣的辣炒年糕也有點不一樣，其中最出名的
就是「蒜味辣炒年糕」啦！據說許多藝人就是愛
這味，傳統的辣炒年糕上添加了又香又酥的蒜

身後的牆貼滿了藝人的簽名板，證
明此店深受藝人喜愛。

來點不一樣的辣炒年糕吧！

辣炒血腸也不容錯過！

左 年糕上放著滿滿的香酥蒜片，味道和一般的傳統辣炒年糕不同。

右 喜歡血腸的人也別錯過此店超Q的辣炒血腸。

片，不但提升了辣炒年糕的口感，蒜味與甜辣醬汁也成為絕妙的組合，再加上小鐵鍋的裝盤，讓這道傳統的辣炒年糕搖身一變，成了充滿現代感的時尚餐點。

　　除了年糕之外，裡面還放了大量蔬菜、炸餃子和蛋，並使用了只有老闆才知道的特製配方。除了辣炒年糕之外，血腸發燒友千萬別錯過這間店的辣炒血腸，這裡的血腸口感相當Q彈，並放入紫蘇葉增添香氣，讓人忍不住一口接一口。

店家資訊

交 地鐵7號線江南區廳站2號出口，徒步約7分鐘
　 地鐵7號線鶴洞區廳站1號出口，徒步約7分鐘

址 서울특별시 강남구 언주로130길 14（논현동）
　 14 Eonju-ro 130-gil, Gangnam-gu, Seoul, South Korea

營 （週一～六）11：30～凌晨04：30
　 （週日）11：30～23：00

休 春節、中秋節當天

價 ·蒜味辣炒年糕（마늘떡볶이）
　　（S）₩8,500、（L）₩13,000
　 ·辣炒血腸（찹쌀순대）
　　（S）₩7,000、（L）₩11,000

電 02-540-1591

淘氣鬼小吃醬油年糕鍋（꾸러기분식）

　　許多人來到韓國總要吃上一鍋部隊鍋，但比起部隊鍋，我更愛充滿醬油香的醬油年糕鍋。

　　而這間「淘氣鬼小吃店」地理位置雖然偏遠並位於小巷內，外觀看來實在有些不起眼，但這裡的年糕鍋卻讓國民歐巴趙寅成從學生時期愛到現在，究竟是什麼樣的魅力讓歐巴如此著迷呢？大家非得親自來嚐嚐看不可。

　　這看似簡單的一鍋，不但暗藏了許多新鮮又豐富的食材，還使用了特製的醬油醬料，而那醬油是愈煮愈香，待醬料慢慢入味後，原本樸實無華的食材，轉眼

左 此店位於小巷內，是一間外觀相當樸實的小店，來來往往的人並不多，到了巷口千萬別懷疑，先走進去再說吧！

右 店內也和外觀一樣相當簡樸。不過這種簡樸的小店，其實更能深入韓國飲食文化。

間都變成了耐人尋味的美好滋味，難怪歐巴就愛這一鍋。誰說首爾只有辣味美食，不吃辣的你絕對不能放過這一鍋。

店家資訊

🚇 地鐵5號線明逸站1號出口，徒步約3分鐘

📍 서울특별시 강동구 구천면로 404（천호동）
404 Gucheonmyeon-ro, Gangdong-gu, Seoul, South Korea

🕐 （週日～週五）11：00～20：30
（週六、國定假日）11：00～20：00

💰 ·醬油年糕鍋（모듬떡볶이）₩10,000 / 2人份
·醬油年糕鍋（모듬떡볶이）₩15,000 / 3人份

☎ 02-485-6977

讓人看了不禁食指大動的醬油年糕鍋。

同場加映：EVERYTHING BUT
THE HERO Café

如果你是趙寅成的粉絲，那麼絕
不能錯失也許能在「EVERYTHING
BUT THE HERO Café」捕捉到男神
本尊的機會。撇開明星光環不說，此
店的手沖咖啡也值得一試，而
店內寬敞又舒適的空間
也令人著迷。

店家資訊

交 地鐵6號線綠莎坪站2號出口，徒步約20分鐘
址 서울특별시 용산구 회나무로 62（이태원동）
　 62 Hoenamu-ro, Yongsan-gu, Seoul, South
　 Korea
營 11：00～23：00
休 春節、中秋節當天
電 02-292-7908

趙寅成弟弟的店

07 一道氏烤腸（일도씨곱창）

　　走在新沙洞林蔭道一帶，會發現四處都是時尚的服飾店和咖啡店，許多人都愛來新沙洞逛街、血拼、喝下午茶，而若想飽餐一頓的話，請別錯過位於寧靜內巷的一道氏烤腸。

　　烤腸在首爾也許算是平民美食，但在台灣卻很少有機會吃到，因此來到首爾遊玩，當然要把握機會嚐嚐這台灣並不普遍的美食囉！而且邊品嚐美食，還能邊補充膠原蛋白呢！

人潮多半都聚集在夜晚，因此建議選在人不多的白天前來。

30

來首爾不容錯過的烤腸

此店的人氣餐點為蔬菜烤腸，裡面除了有豬小腸外，還放了韓式粉絲、紫蘇葉和高麗菜，為了去除異味，腸子都會經過反複清洗，再由店員連同鐵鍋一同端上，並運用以韓式辣醬為基礎的自製醬料一起拌炒，翻炒的過程中，滿鍋的膠原蛋白、哦不～是滿鍋的小腸在眼前恣意翻滾，讓人看了不禁口水直流，巴不得店員馬上宣布開動！而以紫蘇葉、醃蘿蔔包夾烤腸的吃法，絕對能為大家帶來有如發現新大陸般的新鮮感受。

🔼 分量十足、口感絕佳的烤腸！

🔽 清爽的紫蘇葉與醃蘿蔔再加上油而不膩的軟嫩烤腸，真是絕配！不敢吃紫蘇葉的人也可以單用醃蘿蔔去包哦！

店家資訊

🚇 地鐵3號線新沙站8號出口，徒步約10分鐘

🏠 서울특별시 강남구 도산대로17길 8 (신사동)
8 Dosan-daero 17-gil, Gangnam-gu, Seoul, South Korea

🕐 （平日）11：30～23：30
（週末）11：00～23：00

🈺 全年無休

💰 ·蔬菜烤腸（야채곱창） ₩10,000
·鐵板炒雞（일도씨특제닭갈비） ₩10,000

📞 02-514-2797

08 土俗村蔘雞湯（토속촌 삼계탕）

　　說到韓國美食，許多人第一個會聯想到的都是蔘雞湯，彷彿沒喝碗雞湯回去，就像沒來過韓國一樣，可是對於向來懼怕濃郁蔘味的我而言，來到首爾總是避開蔘雞湯這個環節。不過就在一趟孝親之旅中，土俗村蔘雞湯徹底改變了我的刻板印象。這間週末總是大排長龍的蔘雞湯名店，正位於景福宮附近，並以傳統韓屋改造而成，裡裡外外古色古香，無論平日或是假日，用餐時間

店內的泡菜也是一絕，尤其是醃蘿蔔，更是不容錯過。

總是擠滿了人，除了初來此店的顧客之外，回流的客人也不在少數，大家都迷上那散發出人蔘清香的雪白湯頭。

　　此店的蔘雞湯味道與台式雞湯截然不同，使用的是4年根人蔘，並運用30多種中藥材一起熬煮，再加上紅棗、南瓜子、黑芝麻、松子、栗子、銀杏、蒜頭與糯米等內餡，才得以創造出如此香濃順口的好味道。就連原本不愛蔘味的我，也忍不住一口接一口。

隨餐附贈的人蔘酒。不喝酒的人也可以倒入湯裡增添風味。

不愛蔘雞湯的我也愛上這一味

以30多種中藥材熬製而成的蔘雞湯，味道香濃又順口。

　　若在夏天前往，請做好必須排隊等候的心理準備，因為韓國人進補跟咱們不太一樣，咱們是冬令進補，習慣在冷天裡吃上一碗補湯去除寒氣；但韓國人則習慣在夏天進補，透過蔘雞湯以熱制熱、滋補養生。一方面是因為夏天熱量消耗大，因此可借此補身；另一方面也是為了提前做好準備，迎接寒冷的冬天。

店家資訊

🚇 地鐵3號線景福宮站2號出口，徒步約7分鐘

🏠 서울특별시 종로구 자하문로5길 5（체부동）
　　5 Jahamun-ro 5-gil, Jongno-gu, Seoul, South Korea

🕙 10：00～22：00

🈺 全年無休

📋 備有中文菜單

🍴 蔘雞湯（삼계탕） ₩16,000

☎ 02-737-7444

09 鐵道碳烤鮮肉（기찻길연탄불생고기）

來首爾一定要吃燒肉的啊！但滿街都是燒肉店，到底該怎麼選擇呢？相信我，跟著韓國人吃準沒錯！這間韓國朋友介紹的燒肉店，位於鮮少觀光客前往的堂山站，老闆非常的熱情，總是懷著一顆想把好肉獻給客人的心，所以來到這裡絕對可以吃到厚實、新鮮又美味的燒肉，而店裡的烤豬皮更成為我日後看到烤豬皮就想點的開始。

白天靜悄悄的燒肉店，每到夜晚就會換上截然不同的熱鬧景象。

看看那厚實的肉塊，你是否也心動了呢？店內的菜單雖沒有中英文標示，但卻有會說中文或英文的店員，而且店員們都超親切，幫忙烤肉時還會一邊和客人閒話家常，因此不用擔心會有語言障礙。此外，此店是當地的人氣名店，因此夜晚前來若沒有預約的話，必須要等上一輪才行哦！

店家資訊

交 地鐵2號線堂山站3號出口，徒步約1分鐘

址 서울특별시 영등포구 당산로 247（당산동6가）
247 Dangsan-ro, Yeongdeungpo-gu, Seoul, South Korea

營 12：00～凌晨01：00

休 全年無休

匪 中英文可通

價 ・鮮豬肉（생고기）　₩13,000
　・調味豬助排（양념갈비）　₩13,000
　・豬頸肉（항정살）　₩14,000
　・豬助排（갈비살）　₩15,000
　・豬皮（껍데기）　₩6,000

電 02-2637-9282

愛上烤豬皮的開始

又厚又大塊

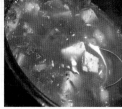

左上 燒肉至少要點2人份哦！
左下 特製的涼拌蔥絲與燒肉搭配在一起超對味。
左中 附贈的醬湯，醬湯上桌時記得要稍微煮一下再喝。

📍 $\frac{10}{}$ 大瓦房醬蟹（큰기와집）

　　享用價格高一點的豪華美食，是出國旅遊時的特權之一。「大瓦房」的老闆曾長年擔任飯店主廚，因此來到此店就能享用味道值得保證的兩班（양반：古代朝鮮貴族階級）料理，而曾在連續劇《一起吃飯吧（식샤를 합시다）》中出現過的這間店，最出名的就是號稱韓國5大名菜之一的「醬蟹」，此蟹是以7年熟成祕傳醬油搭配其他醬料醃製而成，味道非常入味，不

飯後附贈的五味子茶，能清除口中異味。

但提升了蟹肉的鮮味，也幾乎沒什麼腥味。鋪滿蟹膏的醬蟹一上桌，光看就足以令人垂涎。

而這有「盜飯賊」之稱的醬蟹，雖然也可以直接享用，不過醃製的生海鮮一路生吃到底比較容易膩，所以一般來說韓國人熱愛的吃法有二種，一種是將蟹肉、蟹膏放在鋪上些許白飯的海苔上一起捲著吃；另一種吃法則是以殼為碗，將白飯倒進去和蟹肉、蟹膏一起拌著吃；喜歡海苔的人，當然也可以把海苔捏碎拌進飯裡。無論哪種吃法都一樣好吃又下飯，「盜飯賊」果然沒有浪得虛名啊！

想品嚐肥美的醬蟹一定要來這裡。

店家資訊

交 地鐵3號線安國站1號出口，徒步約15分鐘

地 서울특별시 종로구 북촌로5길 62（소격동）
　 62 Bukchon-ro 5-gil, Jongno-gu, Seoul, South Korea

營 12：00～15：00 / 17：00～21：30

休 春節、中秋連假

註 備有中英文菜單

價 醬蟹套餐（간장게）₩40,000（中）

電 02-722-9024

番外篇：三順家醬蟹（삼순이게장）

　　超愛醬蟹的人若不嫌路途遙遠的話，可前往位於金浦機場附近的「三順家醬蟹」，這家店不但曾被節目《食神之路（식신로드）》介紹過，無限續蟹的服務也讓人能夠盡情享用醬油蟹與辣味醬蟹，想吃多少、就吃多少。包飯時別忘了撒上附餐的飛魚子，藉此增添口感。此外，附餐的醬蝦也堪稱極品。

店家資訊

🚇 地鐵9號線機場市場站3號出口，徒步約4分鐘

🏠 서울특별시 강서구 방화동로 58-1（방화동）
　 58-1 Banghwadong-ro, Gangseo-gu, Seoul, South Korea

🕐 10：00～22：00

💰 醬油蟹＋辣味醬蟹吃到飽（게장1인 무한리필）1人
　 ₩19,000

📞 02-2663-5692

🔼 店內店外都是《食神之路》的海報和節目側拍照。

🔽 加點飛魚子一起享用，更添口感。

（左）附贈的小菜中還包含醬蝦呢！　（右）看到小七就代表到囉！請從小七旁的小路彎進去。

🔼 🔽 無限續蟹包含醬油蟹與辣味醬蟹二種。

11
濟州DONSADON豬五花（제주돈사돈）

　　什麼樣的店值得下午5點一開店就守在門口呢？答案就是這間位於合井站附近、經常大排長龍的「濟州DONSADON」豬五花。此店的本店位於濟州島，店內提供的豬肉都是以真空狀態直接從濟州島送到店裡，因此不用飛到濟州島也能品嚐到美味的上等濟州豬。宋仲基、RAIN、GD等大明星都是此店的座上賓。看看這肉，還真不是普通的厚啊！這麼厚的肉要烤到恰

看看這厚度

還在望著薄薄的肉片輕輕嘆息嗎？快奔向這裡的厚片鮮肉吧！

到好處絕非一件容易的事，因此店員都會來回好幾趟，為顧客抓住最佳「食」機。想品嚐鮮嫩多汁的厚片五花肉嗎？快來「濟州DONSADON」大快朵頤吧！

店家資訊

🚇 地鐵6號線合井站8號出口，徒步約6分鐘

📍 서울특별시 마포구 월드컵로 33（합정동）
33 World cup-ro, Mapo-gu, Seoul,
South Korea

🕐 （週一～週六）17：00～24：00
（週日）16：00～23：00

🚫 春節、中秋節前一天和當天

📝 備有中文菜單

💰 ·基本套餐（기본 한근）
（包含豬頸肉400克、五花肉200克）
₩45,000（3人份）
·泡菜湯（김치찌개）₩7,000

☎ 02-324-7575

特製鰻魚醬

🔺 哇～哦！看起來是不是很可口呢？烤盤中央放著店家特製的香甜鰻魚醬，可以沾著吃。

🔻 大大的豬形菜單超可愛。

🔹 濟州DONSADON的外觀。　🔸 店內的各式泡菜也是一絕。　🔹 超下飯的泡菜湯也值得推薦。

龍門家韓牛（용문집）

12

相信看過韓綜的人都知道，節目競賽中經常會以「韓牛」作為最高獎賞，可見韓牛在韓國飲食文化中的地位有多重要。來首爾若想吃上一頓韓牛，通常也必須花上一筆不小的數目，那麼該去哪裡才能吃到貨真價實的韓牛呢？

來來來，快來馬場洞的「龍門家」吧！這間開店約40年的老店就位在馬場洞小吃街（韓牛一

一走入此巷立即被這醒目的招牌吸引。

水梨涼拌生牛肉

左 分量十足的韓牛綜合拼盤，可品嚐到4～5個部位的韓牛，真的非常超值。

右上 老闆娘奶奶依然親力親為，切肉、收桌、結帳完全不假他人之手。

右下 不敢吃生肉的人也可以試著挑戰看看，味道非常香甜，幾乎沒有腥味。

條街）內，部位那麼多不知道該怎麼點也沒關係，不如來份韓牛綜合拼盤吧！這麼一來就能一次品嚐到多種部位。看看那鮮紅色的新鮮牛肉，肉質不但超鮮嫩，吃起來也非常鮮甜。就連包含在拼盤裡的杏鮑菇都鮮嫩多汁、甜到不行是怎麼回事？CP值高到破表。

店家資訊

交 地鐵5號線馬場站2號出口，徒步約7分鐘

址 서울특별시 성동구 살곶이길 40（마장동） 40 Salgoji-gil, Seongdong-gu, Seoul, South Korea

營 11：00～凌晨02：00

休 全年無休

註 備有中文菜單

價 韓牛綜合拼盤（한우암소한마리） 700g ₩80,000（2～3人份）

電 02-2292-2218

牛肝與牛百葉　牛肝味道較腥，若不敢生吃也可以拿去烤。這些都是可續的小菜哦！

番外篇：馬場畜產物市場

　　「龍門家」附近的「馬場畜產物市場」也不容錯過。走進此市場，便會看到一整排的肉舖，並能以低廉的價格買到優質、新鮮並經過認證的肉品。在肉舖買完肉後，只要支付基本費用（約₩5000，包含開爐、小菜、調味料），就可以在2樓的餐廳享用自己精挑細選的肉哦！

上首爾市場的肉舖選肉
其實一點都不難！？

　　好想吃新鮮又美味的韓牛？好想隨心所欲挑選部位？連分量都想自己控制？那麼快來一趟「馬場畜產物市場」吧！

　　上肉舖選肉其實一點都不難，許多店家都備有中文選單，也有店家會說簡單的中文，只要看著選單挑選自己想購買的肉品，告訴店家需要的量（比如說100g、200g），就可以輕鬆買到物美價廉的好肉唷！快提起勇氣，跟著接下來介紹的範例一起上肉舖選肉，再到餐廳好好享用自己親自挑選的好肉吧！

店家資訊

🚇 地鐵5號線馬場站2號出口，徒步約7分鐘

🏠 서울특별시 성동구 마장로31길 40（마장동）
40, Majang-ro 31-gil, Seongdong-gu,
Seoul, South Korea

🕐 03:00～23：00

🚫 每月第一、第三週的週日

☎ 02-2281-4446

🌐 http://mjmm.co.kr

位於韓牛一條街旁的「馬場畜產物市場」。兩側出入口上方都掛著明顯的牛頭。

請跟著我這樣做⋯⋯

　　挑選肉舖→選擇肉品與量（除了豐富的牛肉選單，也有豬肉可選）→結帳→拿著自己買好的肉到2樓餐廳→點餐（若沒有其他想吃的餐點也可以不要點）→享肉時光→支付約₩5,000的基本費用與其他加點的餐費→踏上愉快的歸途^_^

先選擇一家自己喜歡的肉舖。

買好肉後直接上2樓的餐廳即可。

店家會附上小菜。若為了享用涼拌生牛肉而買了生牛肉，只要支付料理費₩5,000，店家就會代為處理。

乾淨的用餐環境。

烤肉時間。
牛肉放中間；
豬肉放周邊。

📍 13 無限鰻魚（무한장어）

　　來訪前，說實話，充滿無限掙扎，原因是因為雖然喜歡吃鰻魚，但往往都會因為太過油膩而無法把整條鰻魚全部吃完，但「無限鰻魚」卻讓我對油膩的鰻魚徹底改觀。

　　那麼大條鰻魚一上桌，真的只有驚嘆二字可以形容，經店員仔細翻烤，焦黃色的鰻魚讓人看了口水直流……，但是請等一等，就這樣直接吞下實在太沒意思了，請拿起生菜和大大

超大條的鰻魚。

的紫蘇葉，搭配醃紫蘇葉、薑絲、洋蔥等配料（依季節而異），包著鰻魚和烤五花肉一起品嚐吧！韓國的鰻魚和我們一般吃到的鬆軟鰻魚不太一樣，口感稍微紮實了一點，味道非常鮮甜，而這配料也扮演著超重要的角色，尤其是醃製過的紫蘇葉，和鰻魚搭配後，徹底襯托出鰻魚的美妙滋味。只可惜醃漬的紫蘇葉並不是隨時都有，若剛好遇上的話，請一定要試試。喜歡吃鰻魚的人千萬別錯過鰻魚和五花肉的吃到飽組合，不點吃到飽的話，依人數點餐也可以吃到分量十足的鰻魚哦！

店家資訊

- 🚇 地鐵5號線、6號線孔德站5號出口，徒步約2分鐘
- 🏠 서울특별시 마포구 만리재로1길 5（공덕동）
  5 Mallijae-ro 1-gil, Mapo-gu, Seoul, South Korea
- 🕐 11：00～24：00
- 📋 備有中文菜單
- 🍴 ·無限海鰻＋五花肉
  （무한서비스（장어＋삼겹살））
  ₩29,900／人
  ·家庭套餐A（가족애세트메뉴A）2～3人份
  ₩40,000
  ·家庭套餐C（가족애세트메뉴C）3～4人份
  ₩88,000

記得把薑絲加進沾醬裡哦！

左 店員傳授的吃法。搭配方式果然就是不一樣。
右 有魚有肉又有菜，正宗豪邁吃法。

左 此店的醃紫蘇葉和一般的不同，不會過鹹。
右 依季節而異的配料，讓味道變得更豐富。

家庭套餐C

⬆ 包含4條鰻魚、豬五花肉、牛肉、蝦。4個人吃剛剛好。

⬇ 家庭套餐還附粥。在鰻魚烤好之前，可先吃個粥，墊墊肚子。

 14 太陽食堂（태양식당）

　　位於望遠市場附近的「太陽食堂」是一
間在網路上爆紅的超人氣餐廳，相較於無時
無刻都熱鬧非凡的弘大商圈，望遠市場一帶
顯得低調許多，但這間食堂的店前卻總是有
人在候位，大家似乎都是為了那有如毒物般
讓人一試成癮的「蝦仁蓋飯」而來。這蝦仁
蓋飯看似平凡，但濃郁的芝麻醬汁裡除了放
了很多蝦仁之外，還加入大量蝦頭、蒜頭、

即使天在下雨，店外依然站著許多候位的
顧客。

洋蔥等配料，才能熬煮出如此令人驚豔的蝦料與醬汁，讓人一入口立即明白這家店成為網紅的原因，放眼望去，幾乎每桌必點。

每天開店前大約11點左右，店家就會在店前放置登記表，大家一定要先搶先贏啊！動作太慢可能就吃不到囉！這小小的店裡，只有16個座位，如果你幸運搶到一位，請毫不猶豫地點下蝦仁蓋飯。而若想來點湯的話，則可選擇豬肉辣湯，辣湯裡放了大量的五花肉，並可選擇要加拉麵還是烏龍麵，可滿足一個人也想吃鍋的願望，而且熱呼呼的豬肉湯也很適合與蝦仁蓋飯一起享用。

店家資訊

交 地鐵6號線望遠站2號出口，徒步約5分鐘

址 서울특별시 마포구 포은로 87（망원동）
87 Poeun-ro, Mapo-gu, Seoul,
South Korea

營 11：30〜20：30（賣到材料用完為止）
（午休時間）15：00〜17：00

休 全年無休

註 英文可通

價 ·蝦仁蓋飯（갈릭칠리 새우덮）　₩9,000
·豬肉辣湯（짜글이 정식）　₩8,000

電 070-4797-9882

開店前店家會將這張登記表放在門口，別忘了先登記唷！

吃了會上癮的蝦仁蓋飯

左 一入口，濃郁的芝麻香立即散開。　右 豬肉辣湯能滿足一個人也想吃鍋的願望。

 ## 15 鍾路老奶奶刀削麵（종로 할머니 칼국수）

　　若連相較之下個性較急的韓國人都願意乖乖排隊，那你怎能不來排一下呢？！這間藏身於小巷內的傳統麵店，雖然離車站並不遠，但就算拿著地圖仍有可能遍尋不著它的身影。店裡主要以販賣手工刀削麵和麵疙瘩為主，對於機械化的現代來說，要品嚐到這種堅持以純手工揉製而成的麵食實在難得，一碗單純的清湯加麵條，反而能讓人品嚐到

飽滿的餃子，看了就讓人食指大動。

最純粹的麵香與口感，尤其湯頭雖然是以小魚熬煮而成，但卻絲毫不帶腥味，再加上煮透化開的馬鈴薯，更增添了甜味與濃稠感。

除了刀削麵和麵疙瘩之外，此店的餃子也不容錯過。在韓國點餃子時，有時會遇到將內餡剁得粉碎的餃子，雖然喜好因人而異，但本人實在不愛。而這裡的餃子不但沒有把餡剁得粉碎，而且皮薄餡多、用料也非常實在，並備有泡菜和菜肉2種口味，不會很單調。尤其是菜肉餃子，裡面包了大量的韓式粗冬粉，吃起來口感十足。

店家資訊

交 地鐵5號線鍾路3街站6號出口，徒步約3分鐘

址 서울특별시 종로구 돈화문로11다길 14-2
（돈의동）
14-2 Donhwamun-ro 11da-gil, Jongno-gu,
Seoul, South Korea

營 11：00～20：00

休 每月最後一個週日、春節、中秋連假

註 備有中英文菜單

價 ・刀削麵／麵疙瘩（칼국수／칼제비）₩5,500
・餃子（만두）₩6,000（6顆）
・刀削麵加麵疙瘩 ₩5,500

電 02-725-7171

網 jongnofnc.co.kr

堅持純手工製成的刀削麵和麵疙瘩。（加麵不加價）

正宗平民美食

左 建議先嚐原味，再用特製辣醬或是泡菜增添風味。

右 店內的泡菜超適合搭配樸實的湯麵。而一旁的特製辣醬裡則放有青辣椒、醬油和蔥等配料。

16
實錄米腸（순대실록）

實錄的米腸和一般街頭看到的烏黑血腸不太一樣，裡面放的並不是粗粉絲，而是特製的內餡，一切開便可看到裡面的真材實料。

而每天限量製作的米腸排則是店裡的招牌菜之一，上桌前會先將腸衣煎到微酥，一圈又一圈的外形不但相當可愛，一入口還可嚐到各種層次的香氣，搭配附帶的沾醬一起享用，吃起來酸酸又甜甜，真是清爽極了。另一道招牌菜米腸湯，除了米腸之外，裡面還放了許多豬頭肉和豬耳朵，配飯吃超下飯。

這家味道可口又特別的米腸專賣店，不但經常登上知名美食節目，也曾在連續劇《一起吃飯吧2（식샤를 합시다2）》中登場哦！

店家資訊

🚇 地鐵4號線惠化站1號出口，
徒步約5分鐘左右

📍 서울특별시 종로구 동숭길 127,
2층（동숭동）
2F., 127 Dongsung-gil, Jongno-gu,
Seoul, South Korea

🕐 24小時

🚫 全年無休

💬 中文可通

💰 ・米腸排（순대스테이크）　₩14,000
　・米腸湯（순대국밥）　₩7,000

☎ 02-7425-338

🌐 www.sundaestory.com

特製米腸排

料多味美的米腸湯

左 米腸排每天限量製作、現場現烤，品嚐時就像牛排一樣邊切、邊吃。

右上 香味獨特的蘇子粉（右側）。　　右下 米腸湯加入蘇子粉後，香味立即提升，聽說韓國人都愛這一味。

17
One Bite CAFÉ

在首爾享用早餐，除了可以選擇傳統市場的早餐、24小時連鎖經營的雪濃湯，也可以選間早早開門的咖啡店悠閒地享用早午餐。

位於延南洞邊界的「One Bite」是以獨棟民家改建而成，擁有寬敞又舒適的用餐空間和多樣化的菜單，1樓和2樓都有露天座位，天氣晴朗的話也可以在室外邊享受日光浴、邊用餐，這裡不只是附近居民的最愛，也有許多人為了這裡的歐姆蛋早午餐而來，一份早午餐裡包含內餡豐富的歐姆蛋、沙拉和麵包，分量十足！而且還備有英文菜單，不用擔心看不懂韓文哦！

店家資訊

交 地鐵2號線弘大入口站2號出口，徒步約5分鐘

址 서울특별시 마포구 월드컵북로4길 39（동교동）
39 World cup buk-ro 4-gil, Mapo-gu, Seoul, South Korea

營 09：00～23：00

休 全年無休（元旦、春節、中秋連假未定）

註 備有英文菜單

價 ・One Bite Brunch Plate ₩15,800
・Bacon Cheese Big Omelet ₩12,500
・Croque ham & cheese sandwich ₩11,500
・Ricotta cheese salad ₩11,500

電 02-735-0263

FB www.facebook.com/cafeonebite

左 「Bacon Cheese Brunch Plate」分量十足，也很適合2個女生一起分食。

右上 「One Bite」是以獨棟民家改建而成。　右下 2樓設有多功能空間，備有烘焙設備，有時會舉辦活動。

18
ABLE餐廳

新沙洞的「ABLE」餐廳，位於某棟建築物的2樓，經過時不抬頭看，實在很難發現這間店的存在。這家店是我某次首爾之旅的意外收穫，順著樓梯來到2樓，推開門後會發現裡面別有洞天。這間店以健康飲食為概念，店裡的蔬果汁都是100%現點現榨而成，除了深受在地人喜愛的蔬果汁和早午餐外，這裡的西餐也非常推薦，就拿海鮮湯麵來說，裡頭不但放滿了大量新鮮又美味的海鮮，那鮮美的湯汁也讓人忍不住用麵包把碗抹得一乾二淨。

通往2樓「ABLE」餐廳的指引牌。

　　店裡除了各式各樣豐富的餐點和飲品外，舒適的用餐環境也是賣點之一。明亮又寬敞的店內，處處可見小巧思，因此每個角落都美得像一幅畫一樣，並配合此店的健康飲食概念，放滿了綠色植物與店家栽種的蔬菜，3樓頂樓甚至還有菜園呢！店裡的雜貨區也有許多可愛的小雜貨供顧客選購。

店家資訊

🚇 地鐵3號線新沙站8號出口，徒步約15分鐘
　　地鐵3號線狎鷗亭站5號出口，徒步約12分鐘

🏠 서울특별시 강남구 압구정로14길 12, 2층（신사동）
　　2F., 12 Apgujeong-ro 14-gil, Gangnam-gu, Seoul, South Korea

🕐 （週一～週六）10：00～23：00
　　（週日）10：00～22：00

🚫 春節、中秋節前一天及當天

📝 備有英文菜單

🍴 ・鮮蝦蘑菇奶油燉飯（퀴노아 크림 리조또）₩16,000
　　・海鮮湯麵（씨푸드파스타）₩17,000

☎ 02-3445-7335

（左）店裡的海鮮湯麵用料實在又新鮮，非常推薦，擺盤和餐具也很講究。來到首爾不妨也感受一下西餐的魅力吧！

（右上）（右中）（右下）店內的每個角落都各有特色，布置得非常用心。除了用餐區之外，也設置了雜貨區。

19
TMI漢堡

「TMI」是「TOO MUCH INFORMATION（意：太多資訊）」的縮寫,此店開在外國人聚集的梨泰院、綠沙坪一帶,白天是間漢堡店,夜晚則搖身一變成了小酒吧!店裡以黑白色系的裝潢為基礎,簡約的風格充滿個性,是演員劉亞仁和設計師、造型師好友一起合開的店,因此開店至今也有不少藝人來訪,超甜蜜的「宋宋夫婦」(宋仲基、宋慧教)也是座上賓。

除了無酒精飲料外,也有漂亮的調酒和啤酒等各式飲品。

左 中 店內外的裝潢以黑白色系為基礎。　右 連餐盤使用的都是簡約的白色鐵盤。

　　此店最出名的就是那放上3隻大蝦的炸蝦漢堡了，漢堡現點現做，雖然需花一點時間等待，但為了嚐到美味的漢堡，等待也是值得的。漢堡的部分豪氣的只推出炸蝦堡和杏鮑菇堡這2款，可自由選擇要加紅醬（韓式辣醬）或是青醬，並走健康路線，熱量比一般的漢堡還低。飲料的部分除了椰子風味飲和各式無酒精飲料外，也有調酒可點。

放入3隻大蝦的炸蝦堡，吃起來口感十足又酥脆，而且一點都不油膩。

店家資訊

交 地鐵6號線綠沙坪站3號出口，徒步約6分鐘
　地鐵6號線梨泰院站4號出口，徒步約6分鐘

址 서울특별시 용산구 녹사평대로32길 16（이태원동）
　16 Noksapyeong-daero 32-gil, Yongsan-gu, Seoul,
　South Korea

營 11：00～19：00
　（TMI NIGHTS）20：00～24：00
　（週五、週六～02：00）

休 週一

註 備有英文菜單

價 ・炸蝦堡（Green / Red Shrimp）₩9,500
　・杏鮑菇堡（Green / Red Mushroom）₩8,500

電 02-790-7976

IG @tmi_toomuchinformation

 20 OU韓式家常菜（오우）

隱身於寧靜住宅區的「OU」，看起來就像間西餐廳一樣，但裡面賣的卻是正統韓式家常菜，而且所有餐點皆以老闆母親的食譜為基礎。老闆的母親在水原經營餐廳20多年，並出身全羅北道，因此來到這家餐廳能嚐到正統又美味的韓食。此店對於食材也很講究，從米到肉都經過精挑細選，就算只有一個人也能品嚐到豐富又精緻的韓食。

位於寧靜住宅區的「OU」。

　　店內的套餐大致分為牛肉、海鮮及拌飯這幾個套餐，若點拌飯的話，建議可加點荷包蛋一起拌著吃。餐點的內容每隔幾天就會更換，而菜單上則標示了簡單的英文，若想了解內容，也可以詢問會説英文的店員哦！

⬆ 牛肉套餐的主餐。
⬇ 海鮮套餐還有小鮑魚呢！

店家資訊

🚇 地鐵2號線弘大入口站2號出口，徒步約7分鐘

🏠 서울특별시 마포구 월드컵북로6길 26（동교동）
　　26 World cup buk-ro 6-gil, Mapo-gu, Seoul, South Korea

🕐 11：30～15：30 / 17：30～21：30

🚫 春節、中秋連假

💰 ·牛肉套餐（BEEF）₩13,800
　　·海鮮套餐（SEAFOOD）₩13,500～15,000

☎ 02-322-9605

📘 www.facebook.com/OUYEONNAM

一入店便可看到醒目的大長桌，桌上皆裝飾著美麗的花朵。

舒適的用餐環境。

二

店裡吃不夠，
再來個路邊小吃、外帶加外賣！

　　難得出個國，只吃餐廳怎麼夠？！若要體驗當地的美食文化，品嚐道地的在地美食，當然不能錯過首爾的小吃、外帶和外賣美食囉！那豐富的選擇，絕對會讓你口水直流，吃過還想再吃。

01

廣藏市場（광장시장）

一般來説，要去廣藏市場的話，大多都會搭車到鍾路5街站，再從8號出口出來，但由於私心想推薦市場外的小吃攤，所以請大家跟著我從鍾路3街站這樣走吧！

進市場前，一定要先來這間位於廣藏市場西一門對面的路邊攤啊！這裡的油炸類食品不但豐富，而且每一樣都超～好吃，除了炸物之外，美味的關東煮也不容錯過，老闆會簡單的英文，因此想知道裡面包了些什麼都可以問老闆，也可以乾脆當作無地雷的尋寶遊戲，邊品嚐、邊玩猜食材的遊戲。

店家資訊

- 🚇 地鐵1號線鍾路3街站12號出口，徒步約6分鐘
- 📍 서울특별시 종로구 창경궁로 88（예지동）
  88 Changgyeonggung-ro, Jongno-gu, Seoul, South Korea
- 🕐 08：30～23：00（小吃、食品）
- 🏠 週日
- ☎ 02-2267-0291
- 🌐 http://www.kwangjangmarket.co.kr

最佳零食

種類相當豐富

左上 一旁阿嬤賣的烤栗子和烤銀杏也是很棒的零食哦！　　右上 小吃攤位於西一門對面。

左下 右下 經濟實惠又美味的路邊小吃，每種幾乎都是1個₩500。

02 通仁市場（통인시장）

「元祖鄭老奶奶油炒年糕（원조 정 할머니 기름떡볶이）（原孝子洞古早味 炒年糕）」雖然也有一般的辣炒年糕 ，但更值得推薦的是一般很難看到的 醬油年糕（간장떡볶이）。此年糕會先 放進內含大蒜和蔥等香料的醬油裡浸 泡，端給客人前會再煎一次，重新加 熱後再給客人，以做出外酥內軟的絕 妙口感，炒的過程更是香氣逼人，讓 人忍不住口水直流。如果你是紫蘇控 的話，也別忘了點份紫蘇葉煎餅（전） 哦！而另一間「元祖老奶奶辣炒年糕 （원조할머니떡볶이）」也同樣有許多 支持者，大家不妨比較 看看哦！

店家資訊

交 地鐵3號線景福宮站2號出口，徒步約5分鐘
址 서울특별시 종로구 자하문로15길 18（통인동）
18 Jahamun-ro 15-gil, Jongno-gu, Seoul, South Korea
營 07：00～20：30
休 每月第二個週日

元祖鄭老奶奶 油炒年糕

元祖老奶奶

不容錯過

右 醬油年糕₩3,000
左 紫蘇煎餅₩1,000

上 元祖鄭老奶奶油炒年糕
中 「元祖老奶奶」的支持者也不少。
下 市場尾端還有血腸控必點的「辣炒血腸」。

03 望遠市場（망원시장）

看過韓綜《我獨自生活（나 혼자 산다）》的話，應該對望遠市場非常熟悉，這裡可是「玫瑰旅館」樂團主唱陸重烷的地盤，而他也被市場的居民暱稱為「陸統領」。

在這熱鬧的市場裡藏有各式各樣的美食，市場裡的KYUSU炸雞店連知名節目《無限挑戰（무한도전）》也來過哦！炸雞有各種尺寸，除了全雞之外，此店最棒的是有一

深受當地居名喜愛的望遠市場，長長一條非常熱鬧。

個人也能輕鬆品嚐的杯裝炸雞，最小杯的
₩3,000，並備有白醬、水果、甜醬、辣味
等各種豐富的口味可以選擇；除了炸雞之外
，此店的炸年糕也超好吃，當一個人時卻想
吃炸雞、或是想一次品嚐多種口味的人，快
來KYUSU挖寶吧！

KYUSU炸雞

可樂餅攤

相較於其他知名的觀光市場，望遠市場
的顧客以居民為主，價格也比較便宜。若想
採購泡麵、零食、生活道具的話，市場內也
有多家雜貨店可逛；若想選購水果的話，這
裡的水果也比較新鮮又便宜。此外，除了有
名的炸雞外，還有一間「可樂餅」店也很出
名，雖說是可樂餅，但口感比較像我們的炸
麵包！？並備有起司、泡菜、雜菜粉絲等口
味可選擇，一個₩1,000，內餡充足，很
適合當作逛市場的小點心。

🅐 各種風味的炸雞一目瞭然，店員也會英
文，因此能輕鬆點餐。

🅑 知名可樂餅攤，販售著各種口味的可樂
餅。

店家資訊

🚇 地鐵6號線望遠站2號出口，
徒步約8分鐘

📍 서울특별시 마포구 포은로8길 14,
일대（망원동）
14 Poeun-ro 8-gil, Mapo-gu, Seoul,
South Korea

🕙 10：00～22：00

🈺 全年無休

☎ 02-335-3591

Ⓕ https://www.facebook.com/
mangwontraditionalmarket/

左 吃起來有點像炸麵包的可樂餅。

右 一個人也能輕鬆享用的杯裝炸雞塊。

04 校村炸雞（교촌치킨）

校村炸雞到底有多好吃！？好吃到本人曾在短暫的旅程中連吃了2晚，也曾直接打包帶去機場，因為在離開首爾之前不吃到它實在難解思念之情。此店的蒜味醬油炸雞是本人心目中韓國炸雞排行榜中的第一名。和一般印象中濕黏的韓式炸雞不同，這種口味的炸雞融合了大蒜和校村特製的醬油醬料，吃起來不但不黏膩，那蒜香與醬油香更讓人完全停不了手，就

弘大店

校村炸雞在首爾各地都有分店，此為弘大店。

算涼了也好吃。最棒的是就算是外帶，也能把生啤酒打包回家，因此外帶回飯店也能享受一口雞肉、一口生啤的樂趣哦！

對於不愛吃雞胸肉的人來說，最美好的就是可以點全雞腿這件事啦！不用互相禮讓僅有2隻的雞腿還真是幸福啊！全雞的分量相當多，兩個人吃綽綽有餘。（₩16,000）

當然，個人喜好不同，大家也可以自由選擇要點全雞、去骨雞或是其他選擇。

快帶我回家！

店家資訊

🌐 http://www.kyochon.com/main/

弘大店

🚇 地鐵2號線弘大入口站9號出口，徒步約6分鐘

🏠 서울특별시 마포구 와우산로19길 6-15（서교동）
6-15 Wausan-ro 19-gil, Mapo-gu, Seoul, South Korea

🕐 12：00～凌晨02：00

休 全年無休　☎ 02-338-1300

東大門店

🚇 地鐵1號線東大門站6號出口，徒步約1分鐘

🏠 서울특별시 종로구 종로 294, 2층（창신동）
2F., 294 Jong-ro, Jongno-gu, Seoul, South Korea

🕐 24小時

休 全年無休　☎ 02-2231-9337

生啤酒也能外帶

🔵 在店內享用的話，還附小零嘴。

🔴 蒜味醬油、辣味各半的雞腿雙拼（다리반반；₩18,000）和生啤酒（1,000ml；₩5,000）。

05
KKANBU炸雞

　「KKANBU」之名來自於韓國方言，是「老朋友、好夥伴」之意。此店和一般的炸雞店不同，除了炸雞之外，還有雞腿、田螺等各式下酒菜，而去骨炸雞則是此店的招牌。在此要介紹的是上面放滿大量蔥絲和洋蔥的蔥雞（순살 파닭；₩18,000），酥脆的炸雞放上大量蔥絲、並淋上香甜的醬汁後，那絕妙的滋味絕

對是大人的最愛；與辣味炸雞不同，蔥絲與洋蔥絲的微辣滋味不但讓炸雞變得更加爽口，也提升了爽脆的口感，再加上不帶骨的關係，吃起來方便又順口，愛蔥一族絕對不容錯過。薯條也是人氣餐點，分量十足！不過若住得遠建議不要外帶，畢竟薯條還是熱一點才好吃。

目前，KKANBU雖然提供外帶服務，但不提供外送服務，所以想吃的話，快親自跑一趟吧！

店家資訊

🌐 http://www.kkanbu.co.kr/new/main/main.asp

弘大店

🚇 地鐵2號線弘大入口站2號出口，徒步約5分鐘

📍 서울특별시 마포구 동교로 191（동교동）
　 191 Donggyo-ro, Mapo-gu, Seoul, South Korea

🕐 17：00～凌晨01：00

🚫 春節、中秋連假

☎ 02-3144-8692

清潭1號店

🚇 地鐵7號線清潭站9號出口，徒步約15分鐘

📍 서울특별시 강남구 도산대로89길 18
　 18 Dosan-daero 89-gil, Gangnam-gu, Seoul, South Korea

🕐 16：00～凌晨01：00

🚫 春節、中秋連假

☎ 02-3446-8292

享用前請淋上此醬

🔼 炸雞上滿滿的蔥絲和洋蔥，吃起來超過癮。

🔘 分量十足的薯條（不建議外帶）。

🔽 放上蔥絲後，請淋上咖啡色的醬汁後再享用。

06
PAOPAO餃子（파오파오）

新川市場內有家超人氣餃子專賣店叫作「PAOPAO」，此店的餃子一共有3種口味，分別為泡菜、蝦仁和豬肉，雖然來到首爾也許有人會覺得應該要選擇泡菜口味才對，不過3種餃子之中最值得推薦的其實是蝦仁口味。蝦仁口味的餃子，薄薄的皮裡放滿豐富的內餡，吃起來超Q彈又香甜，每次打算帶回飯店再吃，但餃子一到手總是不知不覺中就全部清空了，所以若有機會來到新川市場，一定要嚐嚐哦！

店家資訊

🚇 地鐵2號線蠶室新川站3號出口，
　　徒步約5分鐘

📍 서울특별시 송파구 석촌호수로12길
　　22（잠실동）
　　22 Seokchonhosu-ro 12-gil, Songpa-gu,
　　Seoul, South Korea

🕐 11：00～21：30

休 週一

📞 02-412-9198

美味餃子

左 皮薄餡多的蝦仁餃子（새우만두；₩3,500 / 6個），真的好好吃。　右上 新川市場內的「PAOPAO」。
右下 蠶室新川站2號出口樂天超市旁也開了分店，不入新川市場的人也可以直接在這裡外帶哦！

07
麻浦餃子（마포만두）

24小時營業的麻浦餃子，是半夜肚子餓的好夥伴，雖然外觀看起來是一間相當樸實的店，但裡面卻藏著特別的美食，那就是此店最出名的碳烤排骨餃子啦！

雖然餃子是一種很普遍的小吃，但像麻浦餃子這樣使用碳烤排骨作為內餡的餃子卻很少見，碳烤的香氣，再加上排骨的甜味，那味道實在獨特，讓人一試成癮，而這甚至還拿到專利的餃子，居然24小時都吃得到，實在太幸福了。

店家資訊

交 地鐵2號線合井站2號出口，徒步約1分鐘
址 서울특별시 마포구 양화로7길 5（서교동）
　 5 Yanghwa-ro 7-gil, Mapo-gu, Seoul,
　 South Korea
營 24小時
休 全年無休
電 02-333-9842
網 http://www.mapomandu.com

可內用可外帶

🔺 24小時營業的「麻浦餃子」實在太方便了。

🔻 除了餃子之外，也有血腸等餐點可點。點餃子還附湯呢！

◀ 排骨餃子（갈비만두；₩3,000／10個）帶有碳燒的香味，真是特別。

TACODANG章魚燒（타코당）

08

近幾年來非常熱門的綠沙坪經理團路不但有許多時尚的小店，還有許多美味的小吃。「TACODANG」這間人氣小吃販售的章魚燒裡，每一顆都放了一整隻完整的小章魚，因此每一口都吃得到軟嫩的章魚，根本不會發生點了章魚燒卻遍尋不著章魚的情況，讓人忍不住驚呼「這才叫章魚燒啊！」，而那讓人眼睛為之一亮的外觀，也在社群網站上成為熱門話題。

店外除了有椅子，階梯也成了現成的座位區，許多人逛累了，都愛坐在這點盒章魚燒充充饑。

店家資訊

交 地鐵6號線綠莎坪站2號出口，
徒步約6分鐘

址 서울특별시 용산구 녹사평대로46길
16（이태원동）
16 Noksapyeong-daero 46-gil,
Yongsan-gu, Seoul, South Korea

營 13：00〜22：00

休 週一

電 無

FB https://www.facebook.com/pages/
타코당/1203561993061070

這才叫章魚燒

右上 店前的階梯成了現成的座位區。　左下 右下 超實在的章魚燒6顆₩5,600。（8顆₩6,600）

09
GALO HALO串燒（갈로할로）

曾在美食節目中出現過的「GALO HALO」串燒店，備有經典、黃豆粉、起司和紫蘇葉這4種口味，其中店員最推薦的則是紫蘇葉口味（쌈；₩3,800）。串燒現點現烤，大約要等7分鐘，除了可邊走邊吃外，店旁也備有用餐區。

店家資訊

交 地鐵6號線綠莎坪站2號出口，徒步約6分鐘

址 서울특별시 용산구 녹사평대로46길 9（이태원동）
9 Noksapyeong-daero 46-gil, Yongsan-gu, Seoul, South Korea

營 12：00～22：00

休 週一

電 02-790-9238

外帶美食

街頭小吃

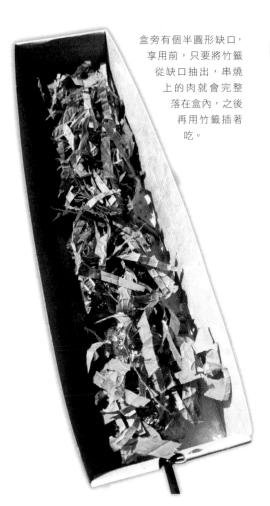

盒旁有個半圓形缺口，享用前，只要將竹籤從缺口抽出，串燒上的肉就會完整落在盒內，之後再用竹籤插著吃。

可內用可外帶

10
怪獸起司年糕（몬스터 치즈 떡볶이）

　　這間位於寧靜馬路旁的小吃攤，
其實就位在人氣燒肉店「小豬存錢筒
（돼지저금통）」附近。雖然店名冠上了
起司年糕之名，但卻不只販賣起司年糕
（치즈 떡볶이；₩2,500），還有各式各
樣的油炸類食品和韓式關東煮。尤其是
各式各樣的關東煮，排放在9格大圓鍋裡
的景象實在是太誘人了，朝這大圓鍋裡

一看，可看到這家店熬湯的材料和其他地方截然不同，但可別被這大量的辣椒給嚇到，其實辣椒只是提升湯頭的鮮味而已，並不會很辣哦！試了絕對會上癮。老闆會說簡單的英文，英文不通也沒關係，老闆直接畫給你看（笑）。

喝了會上癮的湯

外帶美食

街頭小吃

店家資訊

🚇 地鐵2號線弘大入口站8號出口，徒步約5分鐘

🏠 서울특별시 마포구 와우산로29길 57（서교동）
57 Wausan-ro 29-gil, Mapo-gu, Seoul, South Korea

🕐 （週一～週五）14：00～凌晨01：00
（週六～週日）12：00～凌晨01：00

🚫 每月第二個和第四個週一

🔵 清爽又鮮美的湯頭讓人愈喝愈著迷，真想打包帶回家。

🔴 韓式關東煮的價格以竹籤作為區別：藍色2串₩1,500；黃色、綠色、紅色1串₩3,000。

可愛的老闆為了解釋而畫了魷魚。

番外篇：季節性水果

　　來到首爾還有一個非外帶不可的東
西，那就是水果。雖然韓國本土的水果
種類並不多，但蘋果、橘子、栗子、草
莓和梨都不容錯過，尤其是草莓與梨，
若是剛好遇到產季的話，絕對非買不
可，因為又大又甜又便宜。在傳統市場
購買的話會比超市便宜哦！

追逐咖啡夢！
走訪各式特色咖啡店

聽說韓國人愛咖啡愛到簡直把咖啡當水喝？滿街都是咖啡控的首爾，處處都是迷人又有特色的咖啡店，讓人忍不住天天都想來一杯。巡訪各家咖啡店也像是尋寶遊戲一樣，快跟著特色咖啡店的介紹去尋寶吧！

01
nuRi（누리）

　　熱鬧的仁寺洞巷內，有間以「宮廷便當」出名的店叫作「nuRi」，此店於2006年開張，並以百年歷史的韓屋改建而成。店名「nuRi」為韓文的「世間」之意，店家希望世間的人能在這裡相遇、一同共度美好的時光。

　　雖然此店以「宮廷便當」出名，但這裡的下午茶也值得推薦。除了有冰涼可口

店內備有桌椅，省去脫鞋麻煩。

的冰柚子茶外，酸酸甜甜的五味子茶也
是不錯的選擇。五味子茶，以能感受
酸、甜、苦、辣、鹹這5味得名，據說可
以強身健體、補充元氣。有些店家的五
味子茶中藥味偏重，但這裡的五味子茶
酸中帶甜，喝起來十分爽口。

　　有機會來到仁寺洞的話，不妨避開
用餐時間，在傳統韓屋裡，悠閒地喝個
韓式下午茶吧！

店家資訊

交 地鐵3號線安國站6號出口，徒步約5分鐘
址 서울특별시 종로구 인사동14길 23（관훈동）
　　23 Insadong 14-gil, Jongno-gu, Seoul, South Korea
營 11：00～22：00
休 週日、春節、中秋節當天和前一天
價 ・柚子茶（유자차）　₩8,000
　　・五味子茶（오미자차）　₩8,000
電 02-736-7848

🔼 此店的「宮廷便當」相當出名，用餐時間還
　　沒到，一排排的便當盒已經準備上陣。

🔽 放滿柚子絲的冰柚子茶超消暑！

🔸 五味子茶是來首爾必喝的飲品之一。　🔹 點飲料還附傳統糕點呢！

02
yeon（연）

　　隱密的「yeon」位在高台上，不仔細找找很難發現它的存在，雖然外觀上是傳統的韓屋，但內部的裝潢卻相當時尚，溫馨的環境讓人就像待在自己家裡一樣自在。店內還擺放著熱愛旅行的店主在世界各地收集而來的紀念品，中央的中庭也會不定期舉辦音樂會呢！

店家資訊

🚇 地鐵3號線安國站1號出口，
　　徒步約15分鐘

📍 서울특별시 종로구 삼청로
　　84-3（삼청동）
　　84-3 Samcheong-ro, Jongno-gu,
　　Seoul, South Korea

🕐 12：00〜23：00

✖ 春節、中秋節當天

🍴 ・荔枝雞尾酒（WHITE LYCHEE
　　SANGRIA）₩8,500
　　・紅豆冰（PAT BING-SU W /
　　GRAIN POWDER）₩8,000

☎ 02-734-3009

左 清涼又美味的荔枝雞尾酒。
右 用料實在的紅豆冰，上面還放了好吃的麻糬。

左 中庭有時會從用餐區搖身一變成為表演舞台。　　右 店內各個可愛的角落，布置得十分用心。

CAFE YEON
←
wine sangria   cake
mango lassi
hand drip coffee
omija tea   milkshakes
banana pancake
ICED TEA
milk tea   herb tea
cocktail   mojito
whisky highball
vin chaud
hot chocolate
Chocolate Cup Cafe

yeon

84-3

高台上的可愛小屋

03
Blind Alley（블라인드 앨리）

喜歡小動物的朋友注意囉！！看浣熊不一定要到動物園，來到淑大附近這間超可愛的浣熊咖啡店「Blind Alley」，不但能看到浣熊，還能與浣熊近距離接觸哦！能一面悠閒地享用咖啡、又能和可愛的小動物一起玩耍，這難得的機會，你怎能錯過？！

能近距離和浣熊一起玩耍，實在是很難能可貴的經驗，貪吃的小浣熊雖然身材圓滾滾的，但動作卻非常靈活呢！簡直就是攀爬界的高手。而店狗COOKIE則是隻很有個性的狗，造訪當天他的眼裡只有一位金髮美女，明明陪他玩你丟我撿的是我本人，但他最後都會叼回來給金髮美女（在國外也遭受無疑的一敗）。

店家資訊

交 地鐵4號線淑大入口站10號出口，
　徒步約10分鐘

址 서울특별시 용산구 청파로47길
　76（청파동2가）
　76 Cheongpa-ro 47-gil,
　Yongsan-gu, Seoul, South Korea

營 10：00～22：00

電 02-701-6075

網 www.cafeblindalley.com

店狗COOKIE！

快來找我玩吧！

左 位於淑大附近的浣熊咖啡店。　　右上 店狗COOKIE也是人氣寵兒。　　右下 能與浣熊近距離互動，機會實在難得。

04
Beliefcoffee roasters（빌리프커피로스터스）

在首爾巡訪各式咖啡店實在樂趣無窮。這間位於合井站附近的「Beliefcoffee roasters」自從在節目《無限挑戰（무한도전）》的BIGBANG特輯中出現後，便引起瘋狂討論。一入店，即可看到漂亮的工業風接待區兼工作區與客席，但此店的特色卻不只是這樣而已，走下樓梯會發現地下室又是另一個世界，挑高的地下樓層寬敞又舒適，徹底顛覆了一般人對地下室的印象。

店家資訊

- 交 地鐵2號線合井站2號出口，徒步約5分鐘
- 址 서울특별시 마포구 양화로11길 50, 지하1층, 1층（서교동）
  50, Yanghwa-ro 11-gil, Mapo-gu, Seoul, South Korea
- 營 09：30～23：30
- 價 美式咖啡（아메리카노） ₩4,500
- 休 全年無休
- 電 02-322-3100
- 網 http://www.beliefcoffee.com

特色咖啡

浣熊／深藏不露咖啡店

咖啡店位於合井站附近。

左 一樓的空間走極簡風，寬敞、明亮又舒適。
右 梯形座位區。《無限挑戰》的主持群與BIGBANG就是坐在這裡錄影的哦！

05
Blüte（블뤼테）

位於弘大一帶的Blüte，是一間超人氣
花藝咖啡屋，店名「Blüte」為德文的「花
朵」之意，走上通往此店的階梯之後，彷彿
就像進入了一座神祕的小森林一樣，店內店
外每個角落都可看見美麗的花與植物。店內
的花草茶也走健康路線，你會看見店員親自
走進花園裡摘下新鮮香草為你製成飲料，端
上飲料時也會在一旁放上花草當作裝飾。店
裡的每一個角落都像一幅畫，而店外的黃色
小屋也是IG的熱門景點。

店家資訊

🚇 地鐵6號線上水站2號出口，
　　徒步5分鐘

🏠 서울특별시 마포구 와우산로14길
　　12（상수동）
　　12 Wausan-ro 14-gil, Mapo-gu,
　　Seoul, South Korea

🕐 （週一）10：00～19：00
　　（週二～週日）10：00～22：00

🚫 春節、中秋連假

💰 ・咖啡、茶 ₩5,000～₩9,000
　　・蛋糕 ₩6,000～₩6,500

☎ 02-337-5733

🌐 http://blute.co.kr

（左）咖啡店深處的黃色小屋是IG的熱門打卡地點。　（右）飲品只是添上了花草裝飾，就能讓人擁有好心情。

黃色小屋的屋頂上吊滿了
黃色玫瑰花，愛拍照的人
絕對不能錯過。

공주밤빵
공주밤·비삭 어랭
5.5

팡도르 5.0
카스텔라 같은 식감
바닐라넣 기+파우더

06
Onion（어니언）

這間運用金屬零件工場改造而成的咖啡店，於2016年9月開店，巧妙地保留了原有的素材，打造出雖然有如廢墟但卻充滿時尚感的獨特空間，殘破的景象在這裡變成了一種美，於是才剛開店便立即掀起話題。天氣好的話也可以上頂樓吹吹風、度過美好的咖啡時光。

零件工場改造而成的咖啡店。

除了這獨特的空間之外，此店
還有一個很酷的特色——那就是麵
包。這裡的麵包是由人氣麵包店
「BREAD05」所提供，並將烘焙室
設在此店的樓頂，因此顧客在享用咖
啡之餘，隨時都可以品嚐到剛出爐的
麵包。

店家資訊

🚇 地鐵2號線聖水站2號出口，徒步約2分鐘
🏠 서울특별시 성동구 아차산로9길 8（성수동2가）
　 8 Achasan-ro 9-gil, Seongdong-gu,
　 Seoul, South Korea
🕐 （週一～週五）08：00～22：00
　 （週六～週日）10：00～22：00
🚫 1月1日、春節、中秋連假
☎ 070-7816-2710
📷 @cafe.onion

🔼 最有人氣的就是這個堆有白色糖霜尖塔的麵
　 包。
🔽 各區塊分別配合原有的空間，設置了不同的
　 桌椅。

櫃檯旁的取餐等待區。斑駁的牆壁和老舊的地
板都被完整保留下來

07
松佳軒（솔가헌）

　　想消除一身旅途的疲憊，難道只能去汗蒸幕？！不不不！來到首爾，有個泡足浴的好地方大家絕對不能錯過！！那就是松佳軒韓屋咖啡廳。這間韓屋咖啡廳位於通仁市場對面的巷內，若不仔細留意巷口的指示牌，很難察覺這裡原來還有間咖啡廳。穿過小道、跨入大門之後，你會發現裡面別有洞天。

入口處放著指引版。不仔細看，實在很難發現原來巷內藏著這個好地方。

首先，這間由本真山藥行經營的韓方咖啡廳，所使用的木材全都是天然木材，不但不含毒素，散發出來的松樹香氣，還具備空氣淨化效果；而治療室的地板，則是由黃土瓷磚、麥飯石、沸石鋪設而成，放射出的遠紅外線和負離子，能促進血液循環、排除體內毒素、提高免疫力……。哇哇哇！既能喝杯好茶、品嚐美味的韓式點心、還能得到這麼多的好處，這這這這……能不來嗎？？？

這間韓屋咖啡廳還有個很大的特色就是足浴啦！足浴區分為室內室外，可依個

店家資訊

交 地鐵3號線景福宮站3號出口，
徒步約5分鐘

址 서울특별시 종로구 자하문로
54（창성동）
54 Jahamun-ro, Jongno-gu,
Seoul, South Korea

營 11：00～22：00
（週日12：30～22：00）

價 ‧足浴20分鐘
（Foot bath system） ₩10,000
‧熱養生茶＋韓菓套餐
（Korean Herbal Tea） ₩10,000

休 春節、中秋節

電 02-738-3366

網 https://solga2015.modoo.at

左 戶外足浴區。　右 怕冷的話，可選擇室內足浴區。

人體質（腳熱型／腳冷型）選擇足浴劑的種類，選好之後，店員就會領著你到足浴區，並在扁柏松製成的足浴器裡放入適合個人體質的足浴劑。泡著熱呼呼的足浴、品嚐著特製的韓菓，簡直就是一大享受，天冷時，親切的店員還會備好毛毯呢！真貼心。

此外，這裡的養生茶和韓菓套餐也不容錯過，養生茶的部分由本真山藥行研發，並有十幾種具有健康療效的藥膳茶可選；看似簡單的韓菓，一入口就能嚐到店家的用心，麻花荖裡帶有淡淡的蔘香，而紅棗則經過烘烤，嚐起來酥脆、香甜，讓人忍不住一口接一口（韓菓種類會隨時更換）。

左 熱養生茶＋韓菓套餐　右上 足浴器。　右下 親切的店員（還會説英文哦）。

08
寶錫蘭茶館（베질루르）

寶錫蘭為斯里蘭卡最大的茶葉出口公司之一，若你是紅茶控的話，絕～對、千～萬不能錯過該品牌在首爾新沙洞開設的這間茶館，尤其是那帶有濃濃奶香的奶茶更是首選。天氣好的時候，店員還會將落地窗全部打開，讓人能夠邊品茶、邊曬日光浴。店家大力推薦的「一千零一夜」，冰的、熱的都好喝。店裡還有一千零一夜蛋糕和各種禮盒呢！

店家資訊

🚇 地鐵3號線新沙站8號出口，徒步約12分鐘

🏠 서울특별시 강남구 논현로159길 57,
2~3층（신사동）
2F., 57 Nonhyeon-ro 159-gil, Gangnam-gu, Seoul, South Korea

🕐 11：00～23：00

☎ 02-517-5797

FB https://www.facebook.com/basilurkorea/

紅茶黨必喝

🔵左 快來杯一千零一夜（1001 night milk tea；₩6,200）　🔴右 店裡還備有各種經緻的茶葉禮盒唷！

CAFÉ MOOMIN & ME

　　如果你是慕敏迷的話，一定要來這間號稱世界最大規模的慕敏咖啡店「CAFÉ MOOMIN&ME」。此店在外觀上除了重現慕敏的家之外，地下1樓是拍照區、1樓是紀念品販售區、2樓為咖啡廳、3樓則是餐廳。幸運的話，還可以和慕敏與慕敏的小夥伴們一起拍照哦！店內每個角落都很可愛，絕對會讓你拍到手軟也開心。

店家資訊

🚇 地鐵盆唐線狎鷗亭羅德奧站5號出口，徒步約6分鐘

📍 서울특별시 강남구 압구정로50길 23（신사동）
23 Apgujeong-ro 50-gil, Gangnam-gu, Seoul, South Korea

🕐 10：00～22：00（3F餐廳 11：30～22：00）

📞 02-514-7879

🌐 moomincafe.co.kr

慕敏迷必訪

左上 歡迎來到慕敏的家。　　左下 2樓是咖啡廳。　　右上 地下1樓是拍照區，備有各式繽紛的造景。
右下 幸運的話還有機會和慕敏及小夥伴們合照唷！

10 JUICY（쥬씨）

2017年在台灣開設了1號店的「JUICY」，在韓分店遍布首爾各地，咖啡和果汁都非常便宜，以M SIZE來說，美式咖啡1杯只要₩1,000；而店家主打的現榨果汁價格也都在₩1,500～2000之間，實在是經濟又實惠。菜單上備有英文標示，因此不懂韓文的人也能輕鬆點飲料。

店家資訊

JUICY梨大店

交 地鐵2號線梨大站2號出口，徒步2分鐘

址 서울특별시 서대문구 이화여대길 37（대현동）
37 Ewhayeodae-gil, Seodaemun-gu,
Seoul, South Korea

營 09：30～22：00

電 010-4534-0741

網 http://www.no1juicy.com/

果汁派必喝

便宜又好喝的JUICY，四處都有分店。目前的代言人為BLOCK B，隊長ZICO也在店前迎接顧客。

◉ 精選飲品推薦

對旅行者來說，時間就是金錢。除了走訪各家特色咖啡廳外，韓國便利商店的咖啡和飲料也非常多元，不但有賞心悅目的包裝，季節性商品更是不容錯過！

限定商品

GS25小小兵牛奶系列（₩1,700）也超吸睛。還會隨季節變裝哦！

CU推出的加倍佳棒棒糖牛奶（₩1,800）和汽水（₩1,000）也是必喝的飲料。

GS25與世界藝術大師Keith Haring推出了一系列的聯名飲料。（₩900～₩1,500）

介紹完這麼多便利商店的限定飲料，對飲料控來說還是不夠不夠？沒關係，快看看接下來為大家介紹的精選飲料清單吧！除了季節性商品外，全都能輕鬆入手，身為飲料控的你，快去首爾找尋你的心愛飲品吧！

該說是國民飲料？還是觀光客必飲？總之沒喝過香蕉牛奶，就好像沒來過首爾一樣。（바나나맛 우유；₩1,300）

GS25便利店與黏黏怪物研究所（Sticky Monster Lab）合作的可愛飲品，口味相當豐富。紅色草莓香蕉（딸기바나나）、綠色青葡雞尾酒（청보도모히또）、紫色芋頭奶茶（타로밀크티）₩2,000。

喜歡無糖飲料的人,可選擇帶有淡淡香氣的枳椇子水,據說此茶有排毒、護肝的功效哦!(헛개수;₩1,500)

愛喝乳酸菌飲料的人,由WANNA ONE代言的系列飲品喝起來就像淡一點的可爾必斯,不會太甜哦!(밀키스요하이워터;₩9,800)

造福男生的飲料來了。看過韓綜《一日三餐(삼시세끼)》的朋友相信對夜關門這種中藥並不陌生,據說男生喝了可以補腎固精。節目中買了夜關門的光奎哥後來居然還成了夜關門飲料的代言人呢!(야관문차;₩1,880)

想要喝點甜甜的小酒嗎?栗子口味的馬格利絕對是不二選擇!又香又甜的味道喝起來非常順口,女生一定會喜歡。(톡쏘는알밤동동;₩1,900)

西瓜汽水耶!韓國人喜歡用西瓜肉和汽水做消暑甜品,沒想到連西瓜汽水都出了,快去嚐嚐看。(수박소다;₩1,000)

CU便利店與迪士尼合作的米奇米妮牛奶,連瓶蓋上都有大大的米老鼠圖案,迪士尼迷們衝啊!米奇巧克力牛奶(초코우유)、米妮草莓牛奶(딸기우유)₩2,000。

在首爾四處可見的PARIS BAGUETTE麵包坊,推出的咖啡也會隨著季節變換可愛的包裝哦!讓人喝個飲料也忍不住拍個不停。

三角咖啡牛奶,充滿令人懷念的味道,那味道和造型能讓人回到童年。(커피 우유;₩750)

四

甜點是另一個胃，
甜點、麵包一把抓！

吃飽喝足了，接下來該滿足另一個胃囉！無論是香蕉冰淇淋、超有特色的番茄刨冰，還是沾了滿手巧克力也一定要吃的dirty choco（巧克力酥皮麵包）……五花八門的甜點千萬別錯過。

01
YELLOW CAFE（옐로우카페）

　　紅到幾乎成為韓國旅遊必喝飲品的香蕉牛奶品牌，也在東大門現代百貨OUTLET（현대시티아울렛 동대문점）開設了咖啡店。店裡除了有香蕉冰淇淋外，還有香蕉拿鐵和各式紀念品！包含燈飾在內，店內的各式裝潢也做成香蕉牛奶瓶的造型。而入口旁的超大香蕉牛奶瓶，還會隨季節變裝呢！

　　香蕉牛奶迷們一定要來！！

店家資訊

🚇 地鐵2號、4號線東大門歷史文化公園站14號出口，徒步約5分鐘

🏠 서울특별시 중구 장충단로13길 20 지하2층（을지로6가） B2., 20 Jangchungdan-ro 13-gil, Jung-gu, Seoul, South Korea

🕐 11：00～23：00

🚫 全年無休

📝 位於現代百貨OUTLET B2

☎ 02-2283-2228

必點的香蕉冰淇淋（바나나 아이스크림；₩5,700）和喝起來相當順口的香蕉拿鐵（바나나 라떼；₩4,500）。

🔴 店門口的大型香蕉牛奶裝置藝術。
🔵 連燈飾都取自香蕉牛奶瓶的線條。

02 昭福（소복）

位於弘大商圈的「昭福」，以穀物為原料，並以不添加化學原料與色素為宗旨，冰淇淋的外形不但可愛，還將熱量降到最低，所以大受歡迎！想吃冰又怕胖的女生，這麼一來，就有理由可以大口吃冰啦！而且每一季還會推出季節限定的口味呢！讓人每次去都能有不同的選擇。

店家資訊

交 地鐵6號線上水站3號出口，
　 徒步約7分鐘

址 서울특별시 마포구 어울마당로
　 58（서교동）
　 58 Eoulmadang-ro, Mapo-gu,
　 Seoul, South Korea

營 13：00～23：00

休 全年無休

電 02-6014-0861

網 http://sobokorea.com/main/main.
　 php

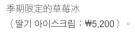

季期限定的草莓冰
（딸기 아이스크림；₩5,200）。

左 店內備有乾淨整潔的用餐區。　右上 簡潔的外觀，在熱鬧的停車場街顯得格外搶眼。
右下 店內一角。以白色為基礎的裝潢很符合此店的形象。

美味點心

霜淇淋篇

CAFÉ BORA（카페보라）

03

「CAFÉ BORA」位於三清洞的小巷內，若不仔細注意巷口的介紹牌，就不會發現原來巷內還有這麼一家可愛的小店。BORA（보라）在韓文中為紫色之意，而店裡販賣的各式冰品和飲料也和紫芋有關，那搶眼的紫色外形，一推出就立即掀起話題。除了冰淇淋外，紫芋刨冰也很受歡迎，喜歡紫芋的朋友千萬別錯過。

店家資訊

🚇 地鐵3號線安國站1號出口，徒步約7分鐘

🏠 서울특별시 종로구 율곡로3길 75-3（소격동）
75-3 Yulgok-ro 3-gil, Jongno-gu, Seoul,
South Korea

🕐 11：30～22：00

🚫 全年無休

📞 070-8613-5537

🌐 https://www.cafebora.com

CAFÉ BORA備有各式各樣的冰品、甜點和飲料。

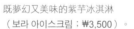
既夢幻又美味的紫芋冰淇淋
（보라 아이스크림；₩3,500）。

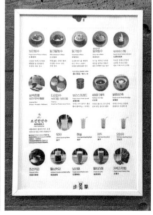

左 店內空間並不大，小小一間店擠滿了人。　中 入口處的告示牌。請認明CAFÉ BORA的紫色標誌。
右 豐富又多元化的菜單。

04
牛奶工房（밀크공방）

　　單純喜歡奶香的人，快來這間可愛的「牛奶工房」嚐嚐牛奶冰淇淋吧！雖然綠莎坪分店並無用餐區，但惠化分店不但備有寬敞的內用空間，2層樓建築內的每個角落，都可看出店家的用心。在梨花洞壁畫村逛累了、想要歇歇腿的話，不如來這裡吃個冰淇淋、喝杯咖啡，休息一下再繼續上路吧！

店家資訊

🚇 地鐵4號線惠化站2號出口，
　　徒步約12分鐘

📍 서울특별시 종로구 낙산4길 57（이화동）
　　57 Naksan 4-gil, Jongno-gu, Seoul,
　　South Korea

🕙 10：00～21：00

🚫 週日

☎ 02-743-2189

📝 綠莎坪經理團路也有分店（서울특별시
　　용산구 녹사평대로46길 16）

霜淇淋篇

左 香醇的牛奶冰（밀크 아이스크림；아이스크림 우유맛；₩4,000）、美式咖啡（아메리카노；₩4,000）。

右上 惠化分店備有2層樓的寬敞空間。

右下 2樓的各個角落都很有特色，並以牛奶色為主軸。

103

雪冰（설빙）

05

　　韓國刨冰的口感接近雪花冰，吃起來比較細緻，而來自釜山的「雪冰（설빙）」在首爾各地都有分店。此店最具代表性的冰品，就是黃豆粉刨冰啦！撒滿黃豆粉的冰上，還放了杏仁片和麻糬，享用前要先在表面淋上煉乳，而冰的中層也已預先加入煉乳，一入口黃豆粉的香味立即在口中散開，入口即化、甜而不膩。除了黃豆粉刨冰外，此店也有各種口味的刨冰和季節性水果冰品哦！

店家資訊

雪冰（弘大分店）

🚇 地鐵2號線弘大入口站9號出口，徒步約2分鐘

🏠 서울특별시 마포구 와우산로21길 20 2층（서교동）
2F., 20 Wausan-ro 21-gil, Mapo-gu, Seoul, South Korea

🕐 12：00～23：00

🚫 全年無休

☎ 02-323-3287（弘大店）

📌 明洞、東大門等地都有分店

🔴 必吃的黃豆粉刨冰（인절미설빙；₩7,000），是此店的招牌冰品。

🔵 位於弘益大學正門入口附近的弘大分店（位在2樓），對面是弘益兒童公園（홍익어린이공원）。

06
東京刨冰（도쿄빙수）

以望遠市場為中心的望遠洞，藏了
不少好店，而「東京刨冰（도쿄빙수）」
就是其中之一。此店最特別的就是小番茄
刨冰，沒嚐過的人或許很難想像番茄刨冰
的味道，但一入口絕對會迷上這清爽的美
妙滋味。細緻的冰上淋上了滿滿的特製番
茄醬，接著再撒上胡椒鹽，並擺上醃製番
茄作為裝飾。也許你會懷疑番茄醬加胡椒
鹽，是在開玩笑嗎？不不不，吃完後你絕
對會愛上它。

店家資訊

- 交 地鐵6號線望遠站2號出口，徒步約8分鐘
- 址 서울특별시 마포구 포은로8길 9（망원동）
  9 Poeun-ro 8-gil, Mapo-gu, Seoul,
  South Korea
- 營 12：00～22：00
- 休 週一
- 註 分店愈開愈多的「東京刨冰」，目前
  在綠莎坪經理團路、鍾路3街站等地都
  有分店。
- 電 02-6409-5692
- 網 http://tokyobingsu.co.kr/web/

左 番茄刨冰（토마토 빙수）₩7,900（內用）、₩6,900（外帶）。
右上 喜歡東京的老闆，把此店取名為東京刨冰。
右下 店內分為吧台區和座位區。

Meal° （밀도）

07

幾乎每天都大排長龍的麵包店「Meal°」，
無論是聖水店或新沙洞店的空間都不大，並以
販賣四四方方的迷你吐司為主。吐司除了原味
之外，還有抹茶、卡士達、紅豆等各種口味，
不但非常鬆軟，還帶有濃濃的奶香，再加上尺
寸小巧，對於還必須留點胃給其
他美食的觀光客來
說，是再適合不
過了。

店家資訊

交 地鐵盆唐線首爾林站1號出口，
　徒步約2分鐘

址 서울특별시 성동구 왕십리로 96
　（성수동1가）
　96 Wangsimni-ro, Seongdong-gu,
　Seoul, South Korea

營 11：00～19：00

休 週一

註 新沙站也有分店（서울특별시 강남구
　압구정로14길 42）

電 02-497-5050

網 http://mealdo.cafe24.com/shopinfo/
　company.html

卡士達口味的迷你吐司
（큐브커스터드；₩2,500）
經電視節目報導後大受歡迎。

左 大排長龍的聖水店，店外幾乎每天都排著長長的隊伍。

右上 卡士達口味的迷你吐司一撥開，即可看見滿滿的卡士達醬。

右下 一手就能掌握的原味迷你吐司，超美味又適合觀光客。（큐브미니식빵；₩2,000）

08
OUR_（아우어）

開設在狎鷗亭的「OUR_（아우어）」，
店內店外總是擠滿了人。店家會將每個時
段出爐的麵包名稱，寫在店外的玻璃上，
而最多人鎖定的則是以大量巧克力與可可
亞粉包裹酥皮製成的「Dirty Choco」，
每到此麵包的出爐時間，大家就會瘋狂搶
購，店家更是補貨補到手軟。除此之外，
帶有漂亮漸層的咖啡
抹茶拿鐵，也是此
店的人氣商品哦！

人氣商品咖啡抹茶拿鐵。
（Green Tea Double；₩4,000）

店家資訊

🚇 地鐵盆唐線狎鷗亭羅德奧站5號出口，徒步約9分鐘

🏠 서울특별시 강남구 도산대로45길 10-11（신사동）
10-11 Dosan-daero 45-gil, Gangnam-gu, Seoul,
South Korea

🕙 10：00～22：00

🚫 春假、中秋連假

☎ 02-545-5556

📷 @ourbakerycafe

🔼 超人氣「Dirty Choco」。酥皮裹上巧克力後變得更酥脆。
（₩4,800）

🔘 滿滿的巧克力與可可亞粉再加上酥皮，讓人完全停不了口。

🔽 此店位於島山公園附近。門旁的玻璃上寫著各式人氣麵包的
出爐時間。

美味點心

麵包篇

經理團路麵包店（빵）

09

位於經理團路上、招牌上只寫著大大的「麵包（빵）」字樣的這間麵包店，曾登上韓國雜誌的麵包特輯。左邊是販賣區，右邊則是烘焙區，因此可以看到麵包師傅總是不停忙著製作新鮮又美味的麵包，忙到甚至沒時間招呼客人呢！而這裡的司康外表酥脆、內餡豐富又紮實，和一般吃到的司康不太一樣，非常值得一試。購買時店員若不在店內，只要去隔壁烘焙區呼叫一下就行囉！

店家資訊

交 地鐵6號線綠莎坪站2號出口，徒步約7分鐘

址 서울특별시 용산구 녹사평대로46길 18（이태원동）
18 Noksapyeong-daero 46-gil, Yongsan-gu, Seoul, South Korea

營 07：00～21：00

休 不定期公休

電 02-796-2028

左 請認明大大的麵包（빵）字樣。左側是販賣區，右側為烘焙區。

右上 巧克力核桃司康（초코·호두 스콘；₩1,500）。　　右下 蔓越莓杏仁司康（크랜베리·아몬드 스콘；₩1,500）。

10
LE ALASKA（르 알래스카）

曾在世界最大的廚藝學校——法國「Le Cordon Bleu」藍帶廚藝學校與東京製菓學校學習的麵包師傅，做出來的麵包非常正統，尤其是可頌麵包和可麗露，更是大大推薦。店內的麵包使用的是法國麵粉，因此口感也與一般麵粉製成的麵包截然不同，此外此店也堅持不賣隔夜麵包，不使用防腐劑和食品添加物。店內並備有用餐區，因此顧客也可以直接在店內享用。

店家資訊

交 地鐵3號線狎鷗亭站5號出口，
徒步約9分鐘

址 서울특별시 강남구 압구정로14길
15（신사동）
15 Apgujeong-ro 14-gil, Gangnam-gu,
Seoul, South Korea

營 09：00～22：30

休 1月1日

電 02-546-5872

美味點心

麵包篇

來到此店可品嚐到正統法式風味的可麗露（까눌레；₩1,800）。

右上 竹碳可頌麵包（먹물크로와상；₩3,600）值得一試。　下 店面以黑色作為基礎，看起來相當時尚。

⦿ 11

Mo' Better Blues（모베터블루스）

惠化站一帶不但劇場林立，也是咖啡店的一級戰區，在這區有間清水模建築外觀、超級搶眼的店就是遠近馳名的「Mo' Better Blues」。此店能在此區經營20年不是沒有原因的，因為此店除了酷酷的外觀之外，餐點一點都不馬虎，許多人都愛來這裡點杯水果系列的飲品或是甜品。大力推薦這裡的檸檬鬆餅，新鮮的鮮奶油上，淋上了自製的檸檬蜜，那酸中帶甜的好滋味，絕對是幸福的味道，連非螞蟻派的我，都愛上了這甜蜜的滋味。

店家資訊

🚇 地鐵4號線惠化站1號出口，
　　徒步約3分鐘

🏠 서울특별시 종로구 동숭4길 4,
　　1~2층（동숭동）
　　4 Dongsung 4-gil, Jongno-gu,
　　Seoul, South Korea

🕐 11：00～24：00

休 全年無休

☎ 02-762-3123

令人驚艷的檸檬鬆餅，酸酸甜甜超美味，讓非螞蟻派的我都讚不絕口。（레몬와플；₩4,000）

左 各式各樣的畫作隨興地放置在各個角落。　　右 店內放置了許多此店結構的小插畫。

清水模外觀相當醒目，行經此路絕對會多看它一眼。

12
ALEX THE COFFEE（알렉스 더 커피）

　　「ALEX THE COFFEE」在龍仁以溫室咖啡屋聞名，目前在城北洞也開了分店，雖然沒有大大的透明溫室，但卻值得為這裡的胡蘿蔔蛋糕前來。此蛋糕中帶有淡淡的肉桂香，完全蓋過了胡蘿蔔的生味，而且帶有濕潤、鬆軟的口感，相信就連不吃胡蘿蔔的人也會一口接一口！

店家資訊

🚇 地鐵4號線漢城大入口站6號出口，
　　徒步約23分鐘

🏠 서울특별시 성북구 성북로28길 9（성북동）
　　9 Seongbuk-ro 28-gil, Seongbuk-gu,
　　Seoul, South Korea

🕐 11：00～21：00

📞 070-7520-7714

🌐 http://www.alexthecoffee.com/?
　　ckattempt=1

左 濕潤又順口的胡蘿蔔蛋糕帶有適當的肉桂香。（당근케이크；₩8,000）

右上 走上小坡就會在左手邊看到小小的看板。　　右下 店內備有各式各樣的空間，當夜晚燈光亮起，又是另一種氛圍。

13
望遠洞提拉米蘇（망원동 티라미수）

吃膩了一般的提拉米蘇了嗎？快來望遠洞找尋不一樣的口味吧！這裡的提拉米蘇會隨時變換口味，草莓、香蕉、奇異果……，各式各樣的口味不但美味又充滿新鮮感，濃郁的奶香配上水果後變得一點都不甜膩，而杯裝設計吃起來也很方便，再次證明望遠洞絕對是寶庫無誤。

店家資訊

🚇 地鐵2號、6號線合井站8號出口，徒步約5分鐘

🏠 서울특별시 마포구 포은로 14（합정동）
14 Poeun-ro, Mapo-gu, Seoul, South Korea

🕐 11：00～21：00

🚫 農曆春節、中秋節當天

📌 目前在鍾路3街也開設了分店（서울특별시 종로구 수표로28길 22 / 22 Supyo-ro 28-gil, Jongno-gu, Seoul, South Korea）

美味點心

蛋糕篇

不只最上面有草莓，內餡裡也放了許多草莓塊哦！（딸기；₩7,000）

🇱 乾淨又簡潔的店面，招牌上寫著大大的望遠洞提拉米蘇（망원동 티라미수）。

🇷 店內也走簡約路線，並備有1桌用餐區，門外也備有椅子。

● 番外篇

　　首爾街頭也有許多很不錯的小點心，其中最值得推薦的就是「炒栗子（군밤）」和「鯽魚餅（붕어빵）」。韓國的栗子又大又甜，錯過絕對可惜；而鯽魚餅則和日式的鯛魚燒不太一樣，因為皮較薄的關係，細心烘烤後，吃起來就像炸過一樣酥，因此千萬別以為這鯽魚餅沒什麼，若是發現它的蹤影，絕對不能放過。

左上 賣鯽魚餅的老奶奶好可愛啊！（攝於仁寺洞）

左下 大隻的鯽魚餅隨處可見，小隻的鯽魚餅卻愈來愈少。看到迷你鯽魚餅絕對不能放過。（₩2,000 / 袋）

右上 要是在街頭看到炒栗子攤的身影，千萬別錯過。（攝於仁寺洞）

右下 看到這麼大顆的栗子不吃怎麼可以。（炒栗子 ₩5,000 / 袋）

八大熱門景點走透透！

　　沒走過這八大景點，別説你來過首爾。一會兒在景福宮換上守門將的裝扮，感受當守門將的樂趣；一會兒到彷彿穿梭古今的北村韓屋村找尋北村八景的所在……首爾八大熱門景點等你來制霸！

📍 01 景福宮（경복궁）

　　說到首爾的必遊景點，謂為4大宮闕之首的景福宮絕對是其中之一。這裡不但記錄了歷史的悲歡離合，也是許多韓劇的拍攝地點，若能在行前先小小了解一下此宮殿的小故事，那麼相信造訪此地時，絕對會更有意思。

勤政殿前方的花崗岩廣場為文武百官朝會之地，中央較高、較寬，是君王走的路；兩側則是文武百官走的路，武官在左、文官在右。

　　穿越時空回到過去，景福宮原為高麗故宮的遺蹟，並由朝鮮王朝的開國之君太祖李成桂於1395年以遺蹟為基礎進行擴建，而其名

座落於方池內的慶會樓，是景福宮內必遊的景點之一。屋頂上的脊獸是為了保護木栓和鐵釘，防止漏水、生鏽而設，是不是很可愛呢！？

則取自於中國《詩經》：「既醉以酒，既飽以德，君子萬年，介爾景福」。據說當年太祖曾造訪中國紫禁城，並為雄偉的紫禁城感到驚嘆，於是決定回去後也要建造一個小紫禁城，並加上朝鮮特有的特色──黑瓦、紅柱、丹青牆，打造出富麗堂皇的宮殿。但多年來歷經戰亂，宮殿為之焚毀，所以目前所見到的景福宮是修復過的模樣，且修復工程仍在進行當中。

配色風格

宮殿的色彩採用黑瓦、紅柱、丹青牆為主色調，色彩非常鮮明。

　　景福宮裡，有座非常美麗的慶會樓，底層以24根石柱架空，並座落於方池之內，原是接待外國使節所用的樓閣，也曾在此舉行殿試。這裡平時雖限制開放，但也曾於2016年4月至10月特別開放參觀，不妨碰碰運氣。而交泰殿則是王妃的

寝宮，位於整座宮殿的中央，所以又名中宮殿，大家看史劇時也許會看到劇中稱王妃為中殿對吧！中殿之名便出自於此呢！

至於景福宮外，最北邊的城門——神武門，原名為玄武門，但在高宗大院君修復時，為避開康熙皇帝玄燁名諱，因而更名為神武門。以前的時代總是有許多避諱，李氏朝鮮王朝也是一樣，世宗之後，君主的名字多半為單字，這是因為臣民不可書寫或直呼君王名諱的關係，連發音都不行，因此要是君王名字取長了，會給臣民造成多少不便啊！所以為了臣民著想，君王取名多半都為單字，而英祖更曾為了照料百姓，而不透露自己的名字呢！

帥氣的守門將

門口的守門將換崗儀式也不容錯過，並可與守門將一起拍照留念。前方這位身穿紅黃衣的守門將官階最高。

參觀資訊

交 地鐵3號線景福宮站5號出口、
　 5號線光化門站2號出口

址 서울특별시 종로구 사직로 161（세종로）
　 161 Sajik-ro, Jongno-gu, Seoul, South Korea

開 11～2月 09：00～17：00
　 3～5月 09：00～18：00
　 6～8月 09：00～18：30
　 9～10月 09：00～18：00
　 （關閉前1小時停止售票）

休 週二

電 （景福宮管理處）02-3700-3900-1

網 http://www.royalpalace.go.kr

價 成人（25歲～64歲）個人₩3,000
　 團體（10人以上）₩2,400

※4大宮通票：₩10,000（有效期為購買日起3個月內）

※4大宮分別為：景福宮、昌德宮、昌慶宮、德壽宮

守門將換崗儀式：
1天2次（10：00、14：00）/ 約20分鐘

光化門把守儀式：
1天2次（11：00、13：00）/ 約10分鐘

守門軍公開訓練（協生門外）：
09：30（約需15分鐘）

● 守門將換裝體驗

守門將換裝體驗非常熱門，一定要提早在門口排隊等候哦！排隊時請注意禮節，出了國門就代表國家，千萬別「解壓縮」或是「大聲喧嘩」，做出失禮的行為哦！機會實在難得，計畫前往景福宮時，一定要抓準時間去體驗看看。

請在守門將廳前登記、排隊。

> **體驗資訊**
>
> 🕐 10：15、11：10、13：10、14：15、15：15、16：15 體驗時間5分鐘（每時段人數限制為10人）
>
> 📍 面對勤政門的左側（售票亭對面）
>
> 💲 免費

本哈比人居然也有做守門將的一天（笑）

119

02
DDP東大門設計廣場（동대문 디자인플라자）

　　位於東大門的東大門設計廣場，外觀上就像一個超大的宇宙船，是世界規模最大的三維不規則建築物，由建築界頗負盛名的英國女建築師薩哈·哈帝（Dame Zaha Mohammad Hadid；首位榮獲普利茲克獎的女性設計師）負責設計。整體建築採用毫無接縫的流線形，內外皆無任何直線與平面牆壁，並以結合周邊地形作為

金屬打造的外牆，極具未來感。

02
DDP東大門設計廣場（동대문 디자인플라자）

　　位於東大門的東大門設計廣場，外觀上就像一個超大的宇宙船，是世界規模最大的三維不規則建築物，由建築界頗負盛名的英國女建築師薩哈·哈帝（Dame Zaha Mohammad Hadid；首位榮獲普利茲克獎的女性設計師）負責設計。整體建築採用毫無接縫的流線形，內外皆無任何直線與平面牆壁，並以結合周邊地形作為

金屬打造的外牆，極具未來感。

設計理念，歷經5年的時間、透過最先進的設計技法，打造出建築與自然無分界的全新空間。而DDP除了是東大門設計廣場的縮寫外，也代表「Dream、Design、Play」之意。

東大門設計廣場的前身為東大門運動場，當初在建造時，還挖到深埋地底80年之久的朝鮮遺跡，於是將戰時被摧毀的遺跡修復，讓新的建築與歷史古蹟融合，「首爾城郭」與「二間水門」也因此重見天日。這裡除了令人驚嘆的建築與歷史遺跡外，也是首爾的綜合文化空間，開館以來經常舉辦各種時裝秀、展覽、新品發表會和藝文活動，時尚界的一大盛事──首爾時裝週也在這裡舉行。

⬆ 內部以白色為基礎。

⬇ 應市民要求而不斷延長展期的LED玫瑰庭園展。

參觀資訊

交 地鐵4號線、2號線、5號線東大門歷史文化公園站1、10號出口

址 서울특별시 중구 을지로 281（을지로7가）/ 281, Eulji-ro, Jung-gu, Seoul, South Korea

開 藝術中心：10：00～21：00（依展覽而異）

　　文化中心：10：00～19：00（週一、1 / 1、春節、中秋當天休館）/ 10：00～21：00（週三、週五延長開放）

　　設計中心：10：00～22：00（每月第三個週一休館）

　　設計市集：根據各賣場時間

　　和諧廣場、東大門歷史文化公園：24小時

　　東大門歷史館與運動場紀念館：10：00～19：00（週一、1 / 1、春節、中秋當天休館）

電 02-2153-0000

網 http://www.ddp.or.kr/

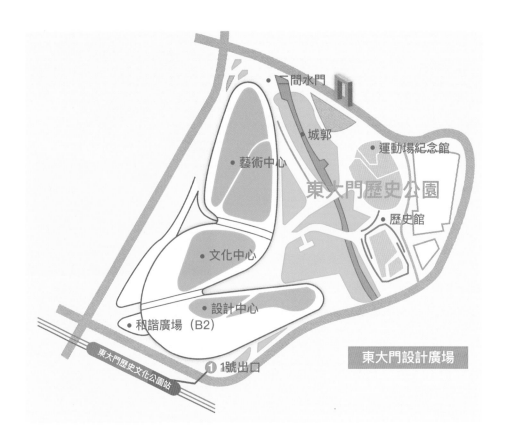

東大門設計廣場

- 二間水門
- 城郭
- 運動場紀念館
- 藝術中心
- 東大門歷史公園
- 歷史館
- 文化中心
- 設計中心
- 和諧廣場（B2）
- 東大門歷史文化公園站
- ① 1號出口

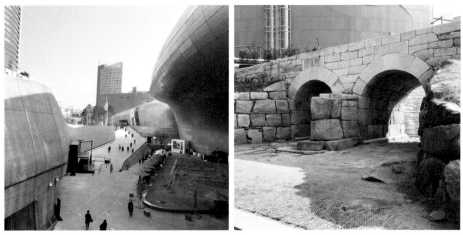

左 新建築與古蹟的共存 　右 歷史古蹟二間水門也完整保存下來。

● CJ FOOD WORLD（CJ 푸드월드）

　　「CJ FOOD WORLD」位於東大門設計廣場附近，入口處的巨人格外引人矚目。這裡除了販賣CJ旗下商品的超市外，還集結了「bibigo」、「TOUR les JOURS」等CJ旗下餐飲品牌。空間不但寬敞，環境也很時尚又舒適，並備有多種餐飲選擇。除了可在此用餐、購買小點心外，也可以到超市挑選多樣化的伴手禮，而1樓的都心農場也開放自由參觀。

店家資訊

🚇 地鐵4號線、2號線、5號線東大門歷史文化公園站6號出口

🏠 서울특별시 중구 동호로 330, CJ제일제당센터 지하1층, 1층（쌍림동）
330 Dongho-ro, Jung-gu, Seoul, South Korea

🕐 （平日）1F / 07：00～22：00
　　　　 B1 / 11：00～22：00
　　（Fresh Market）08：00～22：00
　　（週末）10：00～22：00

☎ 1577-9622

🌐 https://www.cjfoodworld.com:7015/main.asp

⬆ 門口的巨人非常醒目。

⊕ 內部集結了各式CJ集團下的餐飲品牌。

⬇ 1樓的都心農場種了水稻，可自由入內參觀、拍照哦！

N首爾塔
（엔 서울타워）

　　N首爾塔位於首爾最大的南山公園山頂，是首爾的象徵性地標，又名南山塔，英文字母N不僅代表南山，也代表NEW（新）的意思。塔高236.7米，並位於首爾市中心，所以不但可以眺望首爾全景，也是欣賞夜景的好地方。

N首爾塔是首爾象徵性地標，最初作為電視發射塔之用。

而到了春秋之際，這裡便搖身一變，成了賞櫻與賞楓的名所。除此之外，這裡也是情侶們的約會聖地，周圍的欄杆上四處可見情侶們掛上的同心鎖；當然除了情侶之外，好朋友也可以掛哦！（連都教授和千頌伊都掛了，自己說什麼也要掛一下。）

參觀資訊

🚇 地鐵4號線明洞站。可從3號出口步行15分鐘換乘纜車，或從4號出口步行10分鐘，搭乘透明電梯。

📍 서울특별시 용산구 남산공원길 126 （용산동2가）
126 Namsangongwon-gil, Yongsan-gu, Seoul, South Korea

🕐 週一～週五、週日：
10：00～23：00（最後入場時間10：30）
週六：
10：00～24：00（最後入場時間23：30）

💰 纜車票價：（單程）成人₩6,000／兒童₩3,500；
（來回）成人₩8,500／兒童₩5,500
展望台：成人₩10,000／兒童₩8,000

📞 02-3455-9277

🌐 http://www.nseoultower.co.kr

塔邊的HEACHI（獬豸）是首爾的吉祥物。

❸ N首爾塔周邊一年四季的景象都不同，即使冬日只剩枯枝，也呈現出孤寂之美。而首爾塔＋八角亭則是許多攝影迷心目中最佳的攝影組合。

❹ 塔內除了販售知名的同心鎖外，也有許多韓國特色紀念品。

04 明洞聖堂（명동성당）

位於首爾中心的明洞，是人們逛街、購物的好去處，而這裡還有個值得造訪的明洞地標，那就是明洞聖堂。這座有百年歷史的天主教堂，是韓國第一座歌德尖頂式建築，也是韓國首座以紅磚砌成的主教座堂，由法國神父考斯特（Father Coste）設計，於1898年竣工，全名為「天主教首爾總教區教座明洞大聖堂」，是韓國天主教的中心與明洞的象徵。

地下室1樓的紀念品店販售著可愛的修女娃娃（₩35,000)。

參觀資訊

🚇 地鐵2號線乙支路入口站5號出口，徒步約8分鐘
　　地鐵4號線明洞站8號出口，徒步約10分鐘

🏠 서울특별시 중구 명동길 74 (명동2가)
　　74 Myeongdong-gil, Jung-gu, Seoul, South Korea

🎫 免費

☎ 02-774-1784

🌐 https://www.mdsd.or.kr/main/

🔼 由紅磚砌成的主教座堂宏偉又莊嚴，就這樣矗立在熱鬧的明洞商圈。

🔽 雖然可入內參觀，但請務必記得保持肅靜。

這座歷史悠久的教堂，外觀是由20種紅灰小壁石構成，看起來既雄偉又典雅，並可由側門入內。教堂內部雖然開放參觀，但請記得一定要保持肅靜哦！

夜裡的明洞聖堂，在玫瑰LED燈的點綴下顯得溫馨又浪漫。

● COFFEE LIBRE

以老闆鍾愛的摔角選手面具作為金字招牌的COFFEE LIBRE，是一間曾被SPRUDGE評選為韓國必嚐自家烘焙品牌之一的咖啡店，而在明洞聖堂的1樓也設有分店。此店最受喜愛的咖啡，則是其義式配方「BAD BLOOD」。

COFFEE LIBRE的老闆是一位知名咖啡師與烘豆師，圖中是明洞分店。

店家資訊

- 址 서울특별시 중구 명동길 74 102호（명동2가）
  Café Libre, 102 Ho, 74 Myeondong-gil, Jung-gu, Seoul, South Korea
- 營 09：00～21：00
- 價 BAD BLOOD（義式綜合豆配方）₩14,000
- 電 02-774-0615
- 網 http://coffeelibre.kr

127

05
北村八景（북촌8경）

來到首爾，除了去景福宮之外，還有一個古色古香的地方一定要去，那就是北村韓屋村。北村約有900間韓屋匯集於此，穿梭其中會有一種時空交錯的感覺。在以前的朝代，這裡不但是高官、王族居住的地方，也是當時政治、行政、文化的中心地呢！但韓屋村那麼大，該怎麼逛呢？不用擔心，首爾市指定了8個最佳欣賞地點，也就是所謂的「北村八景」，就讓我們一起跟著地圖探險去吧！

參觀資訊

🚇 地鐵3號線安國站1、2、或3號出口

📍 서울특별시 종로구 계동길 37（계동）
37, Gyedong-gil, Jongno-gu, Seoul,
South Korea（Gyedong）
北村旅遊諮詢處：齋洞小學前
（安國站2號出口）

☎ 02-2148-4160

🌐 http://bukchon.seoul.go.kr

「噓！」路上四處可見這樣的告示，因為這裡既是觀光地、實際上也是住宅區！大家一定要保持安靜哦！

北村一景：昌德宮全景

從小坡往下望，透過地勢高低，昌德宮全景盡收眼底。

北村二景：苑西洞工房街

看似普通的韓屋與民宅，仔細一看，會發現掛著某某工房的招牌。這條街曾住著終生為王室工作的人們。

北村三景：嘉會洞11號一帶

傳承傳統文化的博物館、工房聚集地，可在此處參加各種體驗活動。

北村四景：嘉會洞31番地丘陵

也許是八景中最難找的一景。在此處可看到韓屋屋頂相連的絕妙景象。

北村五景：嘉會洞小巷路（下坡）

北村八景之中最熱門的一條小巷，也是拍照的熱門景點。

北村六景：嘉會洞小巷路（上坡）

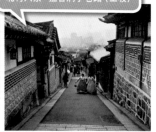

和五景位於同一小巷。一個上坡，一個下坡，放眼望去的景色截然不同。

北村七景：嘉會洞31番地

位於五景與六景隔壁巷，觀光客較少、也較寧靜。而嘉會洞31番地的韓屋，也是首爾保存最好的韓屋。

北村八景：三清洞石階路

穿過又長又陡的階梯，由整塊岩石雕刻而成的石階路，就在終點等待著你。

PHOTO SPOT的標誌上，放上了傳統大甕與瓦片的圖案，提示遊客是該拿出相機的時候囉！

必踩景點

北村八景

南山谷韓屋村（남산골한옥마을）

　　走訪了北村八景，你是否感到意猶未盡，好想實際走進韓屋裡瞧瞧呢！？那麼，不妨來南山谷韓屋村一趟吧！這裡不但有傳統庭園、傳統工藝展示館，還將純正韓屋系統的5棟傳統建築搬遷至此。

　　南山位於首爾的中心，而位於山腳下的筆洞一帶，以前在朝鮮時代有小河流

南山谷韓屋村的入口，位於忠武路站3、4號出口之間的那條路上。

淌，因而成為知識分子們的避暑聖地。為了呈現當時的景象，1989年韓國政府徵收了首都防衛司令部的用地，重新規劃成南山谷韓屋村，並免費提供遊客入園參觀。

儘管免費，但別以為這裡的韓屋只是仿造傳統樣式打造而成。這裡的韓屋除了純貞孝皇后（순정효황후）尹氏親家，因建築過於老舊而不適合搬遷，只好以新建材重新復原之外，其他4間韓屋都是原封不動拆遷過來，唯有遇到無法重新使用的木材，才會以野生松木代

參觀資訊

🚇 地鐵3號線、4號線忠武路站3、4號出口

🏠 서울특별시 중구 퇴계로34길 28（필동2가）
28 Toegye-ro 34-gil, Jung-gu, Seoul, South Korea

🕐 （4～10月）09：00～21：00
（11月～3月）09：00～20：00

🎫 免費

☎ 02-2261-0500

🌐 https://www.hanokmaeul.or.kr

左 右上 右下 透過屋內的傢俱與擺設，不難看到過去的生活剪影。

131

韓屋村裡設置了庭園美景，還可以
遠望N首爾塔呢！

左 為重現當時景象，於是盡量將原有韓屋原封不動拆遷至此。

右 除了不定期舉辦各種體驗活動之外，也備有各種傳統道具供遊客把玩。

替，所以遊客所見之處，可說皆為原汁原味。這老屋曾住過士大夫、駙馬爺，也曾住過平民百姓，遊客可透過屋裡的各個傢俱用品，了解過去的生活方式。

　　廣大的韓屋村裡有小河、有庭園，不只是拍照的好地方，也會定期舉辦體驗活動與文化講座，如遇傳統節日，還會舉辦節慶活動。而這裡也是史劇的拍攝地點，裴勇俊主演的電影《醜聞（스캔들：조선남녀상열지사）》就曾在此取景唷！

 07 梨花女子大學（이화여자대학교）

　　如果你是建築迷，那麼非去梨花女子大學朝聖一下不可，此大學的建築群體依山勢而建，雖然校園中有不少歷史悠久的建築，不過最出名的還是得過國際大獎的複合式建築ECC（EWHA CAMPUS COMPLEX；梨花校園複合園地）。

　　此建築由法籍設計師多米尼克‧佩羅（Dominique Perrault）設計，他除了設

位於大門口的梨花牆，也是梨花大學的象徵之一。

計過巴黎國家圖書館外，也得過普立茲獎等諸多大獎。多米尼克設計ECC時，配合了山谷基地，在校園中建造了一座「校園峽谷」，不但為整個校園創造出開闊的視野，還使屋頂變成了綠地公園，讓人們可在建築物上遊走。建築物本身包含教室、餐廳等複合設施，並採用環保施工法，光線能透過大型玻璃照亮室內，對地下水和雨水也進行循環再利用，是不是很環保呢？

參觀資訊

交 地鐵2號線梨大站2號或3號出口，
徒步約3分鐘

地 서울특별시 서대문구 이화여대길52（대현동）
52 Ewhayeodae-gil, Seodaemun-gu,
Seoul, South Korea

電 02-3277-2114

網 www.ewha.ac.kr

必踩景點

梨花女子大學

左 建築迷非朝聖不可的「校園峽谷」。V字峽谷的兩側，採用玻璃帷幕作為外牆。

右下 光線透過玻璃帷幕，照亮室內的各個角落。　右上 兩側建築物的屋頂為綠地，人們可在上面自由走動。

（上）校園峽谷的盡頭，是梨花大學的「主樓」。

（下）古色古香的「大講堂」，也是梨花大學的代表性建築之一。

● 《孤單又燦爛的神──鬼怪》拍片場景

　　看過這部連續劇的人，相信對這個場景一點都不陌生，劇中鬼怪（孔劉）與陰間使者（李棟旭）組成的鬼使兩人組在此隧道提著大蔥帥氣登場、爆笑演出，讓這段畫面成為劇迷們津津樂道的經典畫面之一，紅到連小七的中元節廣告也模仿了這段畫面。

　　這隧道短短一段，看似有點隱密，但其實就位在京義中央線新村站旁（2號出口左手邊；新村壁畫隧道）。造訪梨大時，不妨順道來此處拍照留念吧！

連續劇《Manhole：奇幻國度的奉弼》也曾在此隧道取景。

韓劇《孤單又燦爛的神─鬼怪（쓸쓸하고 찬란하神 - 도깨비）》中，鬼使兩人組拿著大蔥帥氣登場的隧道，就位在梨花大學附近唷！

08
首爾路7017（서울로7017）

以「沒有歷史記憶的美不是真正的美」為出發點，將曾經面臨拆除命運的老舊首爾站高架道路完全修復後，設置了大量的花草樹木，改建為行人專用的人行步道，這就是為都市注入新的活力與魅力、於2017年5月20日開放的「首爾路7017」。

7017之名包含了1970年建造、2017年重生之意。這條路還規劃了多條步道，未來到首爾觀

首爾路7017面向會賢站一側。

光，若想造訪崇禮門、藥峴聖堂、漢陽都城等景點，多了一個方便又省錢的交通選擇。

遊走在首爾路7017之間，請別忘了欣賞一下沿途的古蹟與藝術作品，舊首爾站就是其中之一。舊首爾站的紅磚建築，乃由建築家塚本靖（Yasushi Tsukamoto）設計，原名為「京城站」，圓形屋頂和獨特的外觀在落成當時成為熱門話題，並於1947年改名為「首爾站」。2004年新首爾站落成

參觀資訊

交 地鐵1號線首爾站2號出口 /
地鐵4號線會賢站5號出口
官方建議路線：

①文化站首爾284 → 首爾路7017 →
Severance大樓 → 崇禮門 → 漢陽都城 →
白凡廣場 → 安重根義士紀念館 →
三順階梯 → 會賢第二示範公寓 →
南山天橋

②文化站首爾284 → 首爾路7017 →
孫基禎紀念館 → 藥峴天主教堂 →
聖若瑟公寓 → 忠正閣 → 忠正路站

③首爾站15號出口 → 首爾路7017 →
南大門教會 → 漢陽都城 → 白凡廣場 →
南山天橋 → 崇禮門

電 02-313-7017
網 http://seoullo7017.seoul.go.kr

左 歷史悠久的舊首爾站。　右 「SEOUL SQUARE」是韓劇《未生（미생）》迷的朝聖地。

⌊左⌋ 沿途設置了大量花草、展望台和公共遊憩設施。
⌊右⌋ 以3萬多雙舊鞋打造而成的裝置藝術「SHOE TREE」。

後，舊車站改名為「文化站首爾284」，作為複合文化空間之用。（284為古蹟編號）。此外，舊首爾站前的裝置藝術品「SHOE TREE」，全長100米，用了超過3萬雙舊鞋打造而成，雖然反應兩極，但也成功炒熱話題。而位於舊首爾站對面的「SEOUL SQUARE」大樓，則是貫穿韓劇《未生（미생）》全劇的「One International」貿易公司的所在地，是劇迷們的必訪景點。

六

設定主題，漫遊首爾！

　　西村是古代文人聚集之地，三清洞是外景的大本營，

聖水洞和城北洞則藏著許多祕密基地，而梨花洞壁畫村、

弘濟洞螞蟻村和文來洞除了美麗的壁畫之外，還訴說一段

又一段不為人知的小故事，值得你細細品味。

📍 01
走訪西村文人之地（서촌마을）

咖啡街、藝廊、傳統市場⋯⋯，景福宮以西的西村飄散著有別於其他區域的特殊氛圍，這裡是朝鮮時代史官、醫官、文人的聚集之地，相較於其他熱鬧的觀光地，這裡樸實又閒靜，低調但卻充滿個性。（請搭乘地鐵3號線至景福宮站下車）

西村雖然不像其他觀光地那樣繁華，但處處可見樸實之美。

JEAN GALLERY 珍畫廊（진화랑）

於1972年開幕的珍畫廊，是第一間以韓國畫廊名義參加世界3大國際藝術博覽會——法國FIAC的畫廊。本畫廊也致力推廣日本現代藝術，館藏作品中，以日本現代藝術家草間彌生的作品最為出名。

巧妙運用1樓轉角開放空間的珍藝廊，曾在這個空間裡放置了草間彌生大師的大南瓜。2017年3、4月期間，也曾在這個空間裡放置了「Be Silly, Be Honest」KITSCHS展的乳房藝術作品。造訪西村時，別忘了來探探小窗子裡又放置了什麼藝術品哦！

保安旅館（보안여관）

目前作為多功能藝術空間之用的保安旅館，曾有許多知名文人在此長期投宿。這個經營了80多個年頭的旅館，見證了西村的歷史變遷，後因經營問題曾被廢棄，還好在藝術家們的努力下，讓保安旅館擺脫了廢棄的命運。如今此處保留了旅館原本的風貌和名稱，自2010年開始更改為多功能藝術空間，每年都會招募藝術家在此舉辦各式各樣的展覽，讓旅館有了新生命。

參觀資訊

址 서울특별시 종로구 효자로 25（통의동）
25 Hyoja-ro, Jongno-gu, Seoul, South Korea

營 （週二～週五）10：00～18：00
（週六～週日）10：00～17：00

電 02-738-7570

網 jeanart.net

參觀資訊

址 서울특별시 종로구 효자로 33（통의동）
33 Hyoja-ro, Jongno-gu, Seoul, South Korea

參 不定期開放

電 02-720-8409

網 http://www.boan1942.com

主題之旅 走訪西村文人之地

大悟書店（대오서잠）

於1951年開店的大悟書店，是首爾最古老的二手書店，2014年被首爾市政府列為首爾市遺產，目前已改為咖啡店。除了李敏鎬曾在此拍過韓國形象宣傳片外，歌手IU、防彈少年團的RM（RAP MONSTER）也曾在此取景，許多粉絲來到這裡，非得跟偶像擺出相同的姿勢、拍張認證照不可。

店家資訊

址 서울특별시 종로구 자하문로7길 55（누하동）
55 Jahamun-ro 7-gil, Jongno-gu, Seoul, South Korea

營 11：00～22：00

休 週一

電 010-9219-1349

FB https://www.facebook.com/deobookstore33/

通仁洞咖啡坊ep3.black.essence
（통인동커피공방ep3.black essence）

與低調的黑色店面相反，店裡一早就擠滿了外帶咖啡客。咖啡的種類非常多，若不知該選哪個才好，可請會英文的店員幫忙推薦。個人大推這裡的手沖咖啡，那香氣和柔順的口感絕對不會讓咖啡迷失望。走訪西村時，不如先來這裡帶杯好咖啡，再開始踏上西村之旅吧！

店家資訊

址 서울특별시 종로구 자하문로 41-1（통인동）/ 41-1 Jahamun-ro, Jongno-gu, Seoul, South Korea

營 08：30～21：30

休 春節、中秋連假、5月1日

電 02-733-9808

FB https://www.facebook.com/ep3.blackessence/

孝子洞麵包店（효자베이커리）

　　孝子洞麵包店這間老店，以青瓦台御用麵包店名聞遐邇，店內滿山滿谷的麵包，皆以傳統製法製成，因此吃得到樸實的傳統滋味。而我最喜歡這裡的洋蔥奶油貝果了，一入口洋蔥的香氣與奶油的甜味立即在口中散開，讓人忍不住一口接一口。雖說是貝果，但其實很大一個呢，吃完滿滿的幸福！店內還提供試吃服務，初次造訪的人，建議先試吃再選購哦！

店家資訊

地 서울특별시 종로구 필운대로
54（통인동）
54 Pirundae-ro, Jongno-gu, Seoul,
South Korea

營 07：30～24：00

休 春節、中秋節當天

電 02-736-7629

左 孝子洞麵包店是青瓦台御用麵包店　右 小小的店內排滿了各式各樣、種類豐富的麵包。
右上 洋蔥奶油貝果是店裡的人氣商品！（어니언크림치즈베이글；₩5,000）

通仁市場便當CAFÉ（통인시장 도시락 카페）

　　既然來到不同的國家，當然會想嚐嚐當地傳統美食，但美食啊美食、種類這麼多，應該無法一網打盡吧？！別擔心！！就讓通仁市場便當CAFÉ代替哆啦A夢，來幫你實現這個願望吧！

　　煎的、炒的、煮的、炸的，這市場雖然不大，卻什麼都有，目前一共有24家店參與銅錢便當活動，即使不會韓文，也可

麻雀雖小，五臟俱全的通仁市場。

以透過肢體語言指一指想要的菜色、動一動手中的銅錢，詢問老闆需要支付幾枚銅錢。若銅錢用完了，卻還有想買的食物，當然也可以用現金支付，差別只在用銅錢買東西，更添幾分樂趣囉！

用銅錢買便當不但樂趣多多，還能品嚐到各式傳統美食。

店家資訊

　址 서울특별시 종로구 자하문로15길 18（통인동）/ 18 Jahamun-ro 15-gil, Jongno-gu, Seoul, South Korea

　營 11：00〜17：00（銅錢販售至16：00為止）

　休 通仁市場：每月第三個週日 / 便當Café：每週一、市場公休日

　電 02-722-0911

　網 http://tonginmarket.co.kr/

接下來就跟著指示一起去買便當吧！

①請先到2樓的顧客服務中心換銅錢。

②₩5,000可兌換10枚銅錢和1個空便當盒。

③接著就可以開始物色美食啦！請認明「通」字標記。

④買完自己特製的便當後，再回到2樓顧客服務中心用餐即可。可依個人需求選擇要不要加飯和湯。（加飯、加湯各₩1,000）。

 02
跟著外景地遊走三清洞一帶（삼청동）

　　韓屋密集的三清洞，古時候是上流階級居住的地方，漫步於此，讓人彷彿穿梭古今，發思古之幽情，也難怪許多偶像劇及人氣節目都來此取景，因為這裡實在太有味道、太有魅力了，怎麼拍都美、怎麼拍都能成為一幅畫。現在快跟著精選的經典場景介紹，一起探訪這個絕對會讓人按快門按到手軟的迷人之地吧！如果你還沒看過這些連續劇或節目其實也沒關係，只要跟著走一趟，你絕對會深深愛上這裡。

地點：北村八景的第六景隔壁巷。

連續劇《個人取向（개인의 취향）》

　　《個人取向（개인의 취향）》是MBC於2010年推出的偶像劇，劇中的房子「相姻材（상고재）」其實就在北村八景的第六景附近。雖然已是2010年推出的戲，但因為此外景地實在太美，至今仍吸引不少遊客在此拍照留念。快學李敏鎬歐巴雙手放膝、坐在階梯上，讓相機記錄這美好的一刻吧！

連續劇《孤單又燦爛的神──鬼怪（쓸쓸하고 찬란하神 - 도깨비）》

　　咖啡磨坊前永不枯萎的粉紅色花兒，吸引不少製作團隊來此取景，因此相信韓劇迷們對這條小路應該不陌生。它不但在《又是吳海英（또! 오해영）》中一連出現好幾集，《孤單又燦爛的神──鬼怪（쓸쓸하고 찬란하神 - 도깨비）》中SUNNY

咖啡磨坊前的櫻花小路，吸引不少製作團隊來此取景。

與阿使的經典吻戲也是在此拍攝，除此之外也有不少節目在此出外景。大家都對這櫻花小路情有獨鍾，你也快來浪漫一下吧！

此外，德成女子中學與德成女子高中大門兩旁的石牆路也是劇組的最愛，節目《我們結婚了（우리 결혼했어요）》中的ERIC、頌樂（MAMAMOO）夫婦，就曾在此舉辦街頭突擊婚禮。近期最經典的畫面莫過於《孤單又燦爛的神──鬼怪（쓸쓸하고 찬란하神 - 도깨비）》中，鬼怪與鬼怪新娘第一次擦肩而過的場景了，因為這個場景，讓此處再度成為熱拍景點。

同場加映：
鬼怪的家在哪？

上左 上中 地點：德成女子中學與德成女子高中校門兩旁。

上右 《孤單又燦爛的神─鬼怪（쓸쓸하고 찬란하神 - 도깨비）》中SUNNY與恩倬吃烤地瓜的地方。

下 鬼怪的家為雲峴宮洋館，位於德成女子大學的校園內，雖然目前禁止遊客進入校園拍照，不過可從雲峴宮內窺探到它的身影哦！

連續劇《當你沉睡時（당신이 잠든 사이에）》

　　寫著WE ARE YOUNG的老爺爺、老奶奶浪漫親吻照，曾在連續劇《當你沉睡時（당신이 잠든 사이에）》當中驚鴻一瞥，也是綜藝節目《我們結婚了（우리 결혼했어요）》KEY與ALISSA這對夫妻拍攝婚紗照的地方。遊客在三清洞漫步時，多半都會選擇在德成女中兩旁的石牆拍照留念，因此這座天橋也成為必經之地。不但有許多準新人會鎖定此地作為婚紗照背景，這裡的壁畫也是觀光客們的最愛。

地點：經過德成女中後的天橋下。

連續劇《她很漂亮（그녀는 예뻤다）》

　　北村八景當中，除了經常出現在電視上的第五景與第六景之外，第六景與《個人取向（개인의 취향）》外景地之間的小路，也曾出現在連續劇《她很漂亮（그녀는예뻤다）》當中。在劇中，女主角黃正音與始源一同走過的這條小路，雖然只是短短一段，但卻很有味道，單獨拍攝單側圍牆也很美哦！（請見右圖）

同場加映：惠珍&夏莉的家在哪？

劇中惠珍&夏莉的家位於西村孝子洞麵包店的附近，目前是一間名為ORGEL4757的音樂盒專賣店哦！

連續劇《又是吳海英（또! 오해영）》

連續劇《又是吳海英（또! 오해영）》的劇迷們最不能錯過的場景，就是這塊壁咚牆啦！男女主角兩人發生爭執、扭打後，就是在這個場景上演激烈吻戲的（羞）。其實這經典場景，是在咖啡磨坊後方小巷內拍攝而成，這條非常隱密的小巷，平時根本不會有人走入，所以要用點心才能找到。看似難尋，但也還好，只要記得穿過咖啡磨坊大門後，先左轉、再左轉，就到得了囉！請認明「月亮招牌」！！

地點：咖啡磨坊後巷

咖啡磨坊（커피방앗간）

提到三清洞的外景地，就不得不提到咖啡磨坊，這間飄散著復古氛圍的咖啡店，吸引了連續劇《需要浪漫3（로맨스가 필요해3）》、《又是吳海英（또! 오해영）》等劇組來此拍攝，連在節目《我們相愛吧》大談異國戀情的陳柏霖與宋智孝也曾來此約會，讓此店成為迷哥、迷妹們必踩的景點之一。

撇開追星不談，來到此店彷彿就像坐上時光機、回到過去一樣，微弱的燈光、老舊的電視機……，每一個擺設

連續劇中經常出現的小角落就位在店內深處。

咖啡磨坊的外觀。老闆有空就會坐在店前幫顧客繪製肖像。

都經過老闆精心布置。老闆本來立志成為畫
家，後來花了將近9年的時間學習咖啡，如
今開了這間店，並在店內擺設自己的畫作，
同時完成了自己的畫家夢與咖啡夢。更特別
的是，除了可在店內欣賞老闆的畫作之外，
點餐只要再加₩1,000，老闆就會幫你繪製
肖像哦！而這些所得，則會捐給貧困兒童。

店家資訊

🚇 地鐵3號線安國站1號出口，徒步10分鐘

📍 서울특별시 종로구 북촌로5가길 8-11（화동）
　　8-11 Bukchon-ro 5ga-gil, Jongno-gu, Seoul, South Korea

🕐 11：00～23：00

🚫 春節、中秋節前一天和當天

☎ 02-732-7656

📘 https://www.facebook.com/samchungdong/

⬆ 店內四處擺放著老闆的畫作。

⬇ 維也納咖啡（비엔나커피；₩6,000）是
店內的招牌，厚厚的鮮奶油看起來是不
是很誘人呢？！

● gumbo banana（껌북 바나나）

這家由gumbo出版社經營的小書
店，有許多可愛的書籍、文具與雜貨。
早期開店時，雖然曾推出各種口味的香
蕉奶昔，但目前已停止販售。不過仍有
許多帶有香蕉圖案的可愛雜貨供顧客選
購，香蕉迷和童書迷們千萬別錯過！

店家資訊

交 地鐵安國站2號出口，徒步約3分鐘
址 서울특별시 종로구 북촌로4길 6（재동） / 6 Bukchon-ro 4-gil, Jongno-gu, Seoul, South Korea
營 10：30～19：30　電 070-7773-7040　網 http://www.gumbook.co.kr/page.php?LinkPage=main

● eunnamu（은나무）

由3位女性金屬工藝家經營的這間飾品店，店名「eunnamu（은나무）」
為銀樹之意，店內的每件商品皆為手工打造而成，並採用真金、白銀和
上等原石，而時尚的店面更成為許多觀光客拍照留念的景點之一。

店家資訊

交 地鐵安國站6號出口，徒步約5分鐘
址 서울특별시 종로구 율곡로3길 72（안국동）
　72 Yulgok-ro 3-gil, Jongno-gu, Seoul,
　South Korea
營 10：00～18：00（午休時間13：00～14：00）
休 週六、週日、國定假日
電 070-8848-2866　網 http://www.eunnamu.com

● 仁寺洞 从 Ssamziegil（쌈지길）

　　既然來到三清洞，那麼仁寺洞也非逛一下不可，尤其在台灣普遍被稱作「人人廣場」的Ssamziegil，更是雜貨迷的必逛之地。這棟環狀的4層建築物裡有許多文創商品，若要找尋食品之外的伴手禮，快來這裡挖寶吧！

「water drop sonata」的隨身鏡，也很適合作為伴手禮。（₩3,000）

店家資訊

🚇 地鐵安國站6號出口，徒步約5分鐘

🏠 서울특별시 종로구 인사동길 44, 쌈지길（관훈동）
44 Insadong-gil, Jongno-gu, Seoul, South Korea

🕐 10：00〜20：30

☎ 02-736-0088　🌐 http://www.ssamzigil.com

「water drop sonata」的收納包，正反兩面的圖案都不同，真是可愛極了。（₩36,000）

左 Ssamziegil是雜貨迷的必逛之地

右 Ssamziegil附近常有街頭藝人在此表演，逛街之餘別忘了給街頭藝人一些掌聲唷！

 03
大街小巷的壁畫饗宴

　　透過韓國政府的公共藝術計劃，首爾幾個比較貧困的地區在壁畫的裝點下，換上了全新的風貌。這些壁畫與裝置藝術被賦予美化市容的重任，於是本來的貧民窟搖身一變成為美麗的壁畫村，而這樣的村落也正在不斷地增加當中，讓人們得以在欣賞之餘，能夠多花一點時間駐足，更了解該地區的歷史、生活與文化。

梨花洞壁畫村（이화벽화마을）

　　說到首爾壁畫村的代表，絕對是「梨花洞壁畫村（이화벽화마을）」，這裡匯集了數百棟沿山坡而建的房子，沿途都是美麗的壁畫與裝置藝術品，走訪此地就好像尋寶一樣。雖然也可以按圖尋畫，但建議大家不妨拋開地圖、隨心所欲地挖寶，這麼一來不但能更仔細地欣賞沿途風景，也許還能找到地圖中未標示的寶畫呢！

　　此壁畫村源自於2006年的「駱山計劃」，韓國政府為了振興地方發展，邀請數十位創作家與居民一同在這個區域裡創作了大量的壁畫和裝置藝術，讓此地被封上「街頭美術館」的稱號。而後更在電視節目的加持下，讓此地一炮而紅，瞬間成為熱門景點。一對在藍天中展露白色羽翼的翅膀，成為造訪者必拍的一景。此外，這裡的壁畫也會不定期更新，讓人不禁期待每次造訪時都能有新的發現。

🔼 🔽 沿途滿是陡坡與階梯，備妥好走的鞋才是上上策。

🔽 必拍的翅膀。快去尋找它的蹤影吧！

遊訪壁畫村時，一定要保持安靜，做個好遊客哦！

壁畫村開發之後，雖然讓此處重燃希望，並成為熱門的觀光地，但觀光客的喧嘩聲、隨地亂丟的垃圾、以及侵犯隱私等問題，也深深地影響到當地居民的生活，於是，長期隱忍的憤怒終於爆發，美麗的花階與鯉魚階，被覆上了白色油漆。

如何在地方發展與生活品質之間取得平衡，實在不是件簡單的事，因此為了成為觀光助力而非破壞力，請大家造訪此地時一定要做一個好遊客，尊重當地居民的生活，不要高聲喧嘩、製造髒亂哦！

除了壁畫之外，也有許多可愛的裝置藝術。

消失的壁畫

遊客們回憶裡的花階，覆上了白漆。

變色小屋vs.可愛的老闆娘

　　許多節目與劇組都愛來梨花洞壁畫村取景，所以《前女友俱樂部（구여친클럽）》、《Doctors（닥터스）》等連續劇中，都曾出現過這棟斜屋頂的小屋。也許是因為劇情需要，此屋的屋身一下子變黃、一下子變藍，造訪時則漆成了白色，因為這回它變成了《大力女都奉順（힘쎈여자 도봉순）》的家（笑）。我造訪當時，還曾因顏色變化一時找不到，還好遇到「Village Museum」熱情的老闆娘，不但領著我來到屋前，還嫌我擺的姿勢太無趣，親自示範如何模仿朴信惠出門的模樣（笑），真是熱情啊！

參觀資訊

交　地鐵4號線惠化站2號出口，徒步約10分鐘

址　서울특별시 종로구 율곡로19길, 일대 (이화동)
　　Yulgok-ro 19-gil, Jongno-gu, Seoul,
　　South Korea

電　02-2148-1856

可愛又熱情的老闆娘，還指導我如何擺姿勢。

各大劇組爭相出借的小屋，許多韓劇都能看見它的身影。

弘濟洞螞蟻村（홍제동개미마을）

　　雖然沒有梨花洞壁畫村這麼有名，但仍吸
引電影《七號房的禮物（7번방의 선물）》和綜
藝節目《RUNNING MAN》來此出外景，而
天團防彈少年團的田柾國坐在輪椅上拍攝的專
輯預告海報，也是在這裡拍攝的哦！這個位於
仁王山山腳下的小村莊，有個可愛的名字叫作
「螞蟻村」，但名稱的背後，其實意指著居民
們就像螞蟻一樣過著辛勞的日子。儘管到現
在，這裡仍然沒有光鮮亮麗的商家進駐，只是
個平凡到不行的貧窮小村莊，早期簡陋的房舍
充滿印地安部落的原始感，因而被稱為印地安
村，後改名為螞蟻村，而韓國人又俗稱這樣的
村莊為「月亮村」，意指地理位置較高、較接
近月亮的貧民窟。

螞蟻村入口的地圖。整個螞蟻村並不
大，大概5～10分鐘即可走完。

參觀資訊

🚇 地鐵3號線弘濟站1號出口回轉，
　　換搭綠色7號公車到「螞蟻村」下
　　車。回程則在「仁王中學」上車

📍 서울특별시 서대문구 세검정로4길 98
　　（홍제동）
　　98 Segeomjeong-ro 4-gil,
　　Seodaemun-gu, Seoul, South Korea

為了賦予螞蟻村新的生命，2009年的夏天，成均館大學等5所大學美術系的學生來到了這裡，透過「歡迎」、「家族」、「電影人生」、「融入自然」、「結束與開始」這5個主題，在此創作了50多件豐富又奔放的彩繪作品。

即使成了知名的壁畫村之一，但這裡的居民依然過著純樸的生活，因此絲毫感覺不到一絲商業氣息。每一個擦肩而過的交流，每一聲聽到的互相問候，每一個發自內心的微笑，還有幾句「拍了很多相片嗎？」、「來旅行的嗎？」都讓人感受到十足的人情味。雖然此地有些偏遠，但螞蟻村的壁畫相當完整又豐富，因此值得一遊。

交通小提醒

前往螞蟻村需坐到弘濟站轉搭綠色7號公車，7號公車是循環路線，因此到達底站後，司機會在底站稍微等一下才開車（首站也是如此）。熱情的司機在等待之餘，還會熱心地主動幫忙拍照，離去時還送了我果汁和麵包，叫我慢慢逛，真是熱情啊！

雖然螞蟻村入口位於下方，但若不想爬坡的話，建議坐到底站由上往下逛，這麼一來會比較輕鬆哦！

熱情的公車司機

左 熱情的公車司機。還利用等待的小空檔幫我們拍照。　　右 螞蟻村的壁畫保存得相當完整。

弘濟站1號出口出來回過頭即可看到一排公車,在此等候7號公車即可。

搭乘7號公車坐到底站「螞蟻村」後,再從上面往下逛。

當坡趨於平緩並看到此壁畫時,就代表壁畫村入口到了(因為反著逛嘛!)。

壁畫村入口的標誌。回程在標誌旁的「仁王中學(인왕중학교)」站上車即可!

文來洞鐵工廠藝術村（문래동 예술촌）

　　空氣中瀰漫著鐵鏽的味道，三不五時傳來叮叮噹噹的打鐵聲……這裡是文來洞，曾是韓國首都圈最具代表性的工業基地之一。隨著產業轉移、人口外流，文來洞漸漸走向衰退的命運，但至今仍有一群人守在此地、默默耕耘；大量空出的廠房，則以廉價的租金吸引藝術家們進駐，於是「藝術與鐵工廠」的組合就此誕生！

　　對某些人來說，這裡也許是沒落的舊工廠，但對於用鐵來創作的藝術家來說，簡直就是天堂。不但空間寬敞、租金低廉、住家也不多，所以藝術家可以在此盡情揮灑，也因此在此活動的藝術家愈來愈多。他們不分國籍、不分領域，活躍的創作表現與獨特的成果漸漸引起社會與媒體的關注，讓昔日的沒落工廠搖身一變，成為韓國唯一的自發性藝術社區。

（左）文來洞鐵工廠藝術村的入口。鄰近永登浦商圈。　　（右）大大的鐵鎚，其實是一把長椅呢！

藝術家的進駐，為此地帶來了不一樣的生氣與色彩，他們不只是租客，更融入了這裡的生活，而其作品也融入了這裡，成為小區裡的一部分。

如果你渴望看到不一樣的藝術村，那麼這個有點狂野又有點自由的地方，應該不會讓你失望。這裡少了幾分夢幻，但卻多了幾分汗水堆積而成的浪漫。

一幅幅美麗的壁畫藏身在小區的各個小巷裡。

左 舊鐵變成了綠野仙蹤裡的機器人？其實後方建築物的頂樓上還藏著另一件作品哦！

右 有些壁畫雖然不易找尋，但也增添了尋寶之趣。

📍 04 在聖水洞手工鞋街尋寶（성수동）

位於聖水站3、4號出口之間的聖水洞手工鞋街，放眼望去，都是手工鞋店。這裡除了販賣手工鞋之外，也有布料、皮革、裝飾等相關材料的專賣店，甚至還有鞋跟專賣店呢！

近年來在許多特色咖啡店、概念空間的進駐下，聖水洞漸漸成為人們心目中的時尚聖地。漫步在鞋街，街邊的裝飾和壁畫總能為人帶來驚

櫥窗裡放滿各式鞋跟，果然是手工鞋街，連鞋跟都有專賣店。

左 大紅色的高跟鞋招牌，實在顯眼。　右 聖水洞頗具代表性的壁畫之一。

喜，尤其是立在屋頂上的金色大高跟鞋與招牌上的紅色高跟鞋，更成為手工鞋街的象徵。想要悠閒地喝杯咖啡、聊聊是非嗎？特色咖啡店林立的聖水洞絕對是首選。除此之外，連續劇《孤單又燦爛的神——鬼怪（쓸쓸하고 찬란하神 - 도깨비）》也曾在此取景，在連續劇的加持下，此地立刻成為熱門外拍景點（只能說鬼怪真的好紅啊！）。（請搭乘地鐵2號線至聖水站下車）

大林倉庫（대림창고）

　　說到推動聖水洞地方發展的功臣，絕對不能漏掉「大林倉庫（대림창고）」。1970年代時，此倉庫其實是間製米廠，而後曾有一段時間被當作保管物品的倉庫之用，直到2011年起，才以複合式空間之姿重新開幕。H&M等許多潮牌

店家資訊

交 地鐵2號線聖水站4號出口，徒步約8分鐘
地 서울특별시 성동구 성수이로 78（성수동2가）
　 78 Seongsui-ro, Seongdong-gu, Seoul,
　 South Korea
營 11：00〜23：00
價 週六、週日酌收入場費₩10,000（可抵消費）
電 02-499-9669
網 https://www.facebook.com/COLUMNofficial/

寬敞又時尚的空間，中間還種了樹呢！

與藝人都曾爭相在此舉辦發表會或活動，成了當時最火紅的活動會場。

目前的大林倉庫，保留了原有的結構，改造成複合式餐廳與藝廊。推開那紅磚建築冰冷冷的木製大門，你會發現原來裡面別有洞天，那高挑又寬敞的時尚空間與舒適的氛圍，讓人一坐下就想賴著不走了。

不過由於此處非常熱門，建議大家最好安排平日前往，因為不但不用入場費，人也比較少，如此一來，才能想賴多久就賴多久。

🔼 備有義大利麵、披薩等各式餐點和飲料。
🔽 連通往樓頂的角落都令人著迷。

「大林倉庫」的外觀。快推開大門進去瞧瞧吧！

su;py

大林倉庫正對面，有間紅磚建築同樣引人注意，光從外觀上看來，實在看不出這葫蘆裡究竟賣著什麼藥？讓人忍不住想一探究竟。

推開旋轉門一看，裡面原來是間精品店，1樓和2樓的空間裡放滿了各式各樣的時尚潮物，最特別的是這裡還有賣韓國知名攝影師ROTTA所推出的寫真集和

ROTTA Q版人偶哦！

店家資訊

交 地鐵2號線聖水站4號出口，徒步約8分鐘
址 서울특별시 성동구 성수이로 71 (성수동2가)
　 71 Seongsui-ro, Seongdong-gu, Seoul,
　 South Korea
營 （週二到週六）11：00～22：00
　 （週日）13：00～22：00
休 週一
電 02-6406-3388
網 http://www.supyrocks.com

名攝影師ROTTA的Q版人偶。

🔼 穿過旋轉門，店內又是另一個世界。　🔽 店內販賣著各式各樣的精選商品，一共有2層樓。

174

摩卡書房壁畫

　　摩卡書房旁的壁畫，因連續劇《孤單又燦爛的神——鬼怪（쓸쓸하고 찬란하神 - 도깨비）》裡的鬼怪新娘恩悼在此烤魷魚召喚鬼怪而聲名大噪，而金宇彬也曾在此拍攝廣告。雖然摩卡書房限定概念咖啡店已不再營業（目前已轉為工作室），但壁畫依然保存了下來，來到聖水洞一定要來朝聖一下哦！

🔼 位於小巷內的黃白色壁畫非常搶眼。

🔽 請你跟我這樣拍！機會難得，當然要重現一下鬼怪與鬼怪新娘的經典畫面囉！

🔽 摩卡書房對面的壁畫也不容錯過。

● 首爾林（서울숲）

　　既然來到聖水洞一帶，當然要順路造訪一下有韓國中央公園之稱的「首爾林（서울숲）」囉！

　　首爾林曾是皇帝打獵的地方，目前則分成5大主題園區，是韓國第一個水源地，也是賞櫻名所。這裡有美麗的小湖、高大的樹木，還有可愛的小鹿斑比哦！雖然觀光客並不多，但卻是市民心目中的休憩寶地。來到這裡你會忍不住開始羨慕韓國人，在都心裡居然有這麼一大塊自然公園能讓人奔向大自然的懷抱。（地鐵盆唐線首爾林站3號出口，出來後回轉直走。）

右上 據說許多韓流名星都住在這裡！？　　左下 右下 有韓國中央之園之稱的「首爾林」。

176

● UNDER STAND AVENUE (언더스탠드에비뉴)

緊隣首爾林的「UNDER STAND AVENUE」是一個由116個貨櫃組合而成的複合式文化空間，裡面包含了餐廳、文創商店、咖啡廳、展覽館等，一共分為7大主題。2016年才剛開幕，天團BIGBANG的10年回顧展也在這裡舉行。雖然整體規模並不大，但卻規劃地很好，讓人逛起來舒服又自在，而且這裡的貨櫃屋與建大COMMON GROUND青一色都是藍色的貨櫃不同，那繽紛的色彩，絕對能讓愛拍一族拍到流連忘返。

店家資訊

交 地鐵盆唐線首爾林站3號出口，徒步約3分鐘

址 서울특별시 성동구 왕십리로 63（성수동1가）
63 Wangsimni-ro, Seongdong-gu, Seoul, South Korea

營 11：00～21：00

電 02-725-5526

網 https://www.understandavenue.com

裡面不但有餐廳，也有許多特色雜貨可逛。

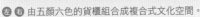

左 右 由五顏六色的貨櫃組合成複合式文化空間。

 05
城北洞的古蹟巡禮（성북동）

城北洞因為交通稍微不便，因此
對觀光客來說並不熟悉，但這裡不但
是寧靜的住宅區，也是史跡遍佈的寶
地，尤其各國大使館、高級住宅林立
的豪宅區與建築在陡峭高台上的樸實
民宅形成絕妙的對比，也能讓人感受
到一般觀光地無法體會的首爾魅力。

惠化門前的告示牌。以惠化門為基準，上方城郭連
接到臥龍公園，下方則連接到駱山公園。

惠化門（혜화문）

過去擔任守護首爾重任的「漢陽都城」沿著白岳、駱山、南山、仁王山稜線而建，共有4大門與4小門，惠化門則是這8座城門之中的東小門，曾於1938年被拆除，於1994年在原址重建。此門位於漢城大入口站旁，要展開城北洞古蹟巡禮之旅、或是想沿著首爾城郭在駱山公園漫步的人，皆可以此為起點。

參觀資訊

交 地鐵4號線漢城大入口站5號出口，
　徒步約3分鐘
　地鐵4號線惠化站4號出口，徒步約9分鐘

址 서울특별시 종로구 창경궁로 307（혜화동）
　307 Changgyeonggung-ro,
　Jongno-gu, Seoul, South Korea

位於漢城大入口站旁的惠化門。

主題之旅　城北洞的古蹟巡禮

穿過惠化門旁的大馬路，可沿著城郭抵達駱山公園。

首爾城郭（서울성곽）

首爾城郭全長約18.2公里，約有600年的歷史；而惠化門兩旁的城郭，一條連接到臥龍公園（와룡공원），另一條則連結到駱山公園（낙산공원）。在白天，這裡能欣賞綠意盎然的好風光，到了晚上，由於整條城郭都設置了路燈與投射燈，就像一條白龍一樣美得驚人，不但可以悠閒散步，從上往下望，還能看見一望無際的首爾夜景。

如果你是城郭控，那麼到城北洞一遊時，除了可到臥龍公園一帶的城郭漫步，也可以順便到駱山公園走走。從惠化門跨越馬路後，即可沿著城郭步行到駱山公園，時間大約25分鐘左右。此公園不但是情侶們的約會聖地，也是首爾10大最美夜景的觀賞地之一哦！

夜晚的駱山公園燈火通明，照明設備十分充足。放眼望去全是情侶。

這數年來首爾城郭的散步路線與登山路線整理得相當完善，很適合作為古蹟巡禮的最後一站，大家不妨欣賞完夜景再打道回府吧！

参觀資訊

臥龍公園方向

交 地鐵4號線漢城大入口站5號出口，
　徒步約15分鐘

址 서울특별시 종로구 와룡공원길 192 （명륜3가）
　192 Waryonggongwon-gil, Jongno-gu, Seoul,
　South Korea

休 全年無休

價 免費

電 02-731-0461

駱山公園方向

交 地鐵4號線漢城大入口站5號出口，徒步約3分鐘
　（欲直接前往駱山公園者：地鐵4號線惠化站2號出口，
　徒步約10分鐘）

址 서울특별시 종로구 낙산길 54 （동숭동）
　54 Naksan-gil, Jongno-gu, Seoul, South Korea

休 全年無休

價 免費

電 02-743-7985-6

一邊是白龍，另一邊則可遠望N首爾塔。

吉祥寺（길상사）

首爾也有吉祥寺？沒錯！而且首爾吉祥寺還是個知名的賞楓名所呢！吉祥寺的前身為「大苑閣」，是韓國3大知名料亭之一，其所有者在讀了法頂大師的《無所有》後深受感動，於是將「大苑閣」無償贈予寺方。寺廟大部分的建築都維持原貌，只進行小部分的改建，因此呈現出特殊的景觀，就連法國巴黎也有吉祥寺的分院呢！每年佛誕日將近時，寺內還會掛起五彩繽紛的燈籠，準備迎接佛誕節的來臨！

參觀資訊

🚇 地鐵4號線漢城大入口站6號出口，徒步約20分鐘
※可在6號出口東遠超市前搭乘接駁車（時刻表請參考官網）

🏠 서울특별시 성북구
선잠로5길 68（성북동）
68 Seonjam-ro 5-gil,
Seongbuk-gu, Seoul,
South Korea

☎ 02-3672-5945

🌐 http://kilsangsa.info/aaa_china/home/default_in.asp

左 首爾的吉祥寺為賞楓名所。佛誕日將近，寺內掛起繽紛的燈籠。

右 吉祥寺占地不小，除了信徒之外，也開放一般民眾參訪。

壽硯山房（수연산방）

　　壽硯山房過去曾是近代小說家李泰俊的故居，他曾在此隱居13年，並在此創作出許多作品，目前則由其後代改為傳統茶館，是首爾市列為政府管理的民俗建築之一。此宅在空間與建造上都經過精心設計，茶館則以販賣韓國傳統養生茶和冰品為主，而最出名的莫過於南瓜刨冰和南瓜年糕佐黃豆粉了，雖然價格偏高，但卻值得一嚐。屋內屋外古色古香，在此品茗，不但能感受到傳統韓屋的魅力，也能享受片刻幽靜的時光。不過因此處頗負盛名，建議最好選擇平日造訪，假日前來的話，也許就會變成賞人大會哦！

店家資訊

🚇 地鐵4號線漢城大入口站6號出口，徒步約20分鐘。
也可在6號出口搭乘2112號公車，於東方大學院大學站下車

🏠 서울특별시 성북구 성북로26길 8（성북동）
8 Seongbuk-ro 26-gil, Seongbuk-gu, Seoul, South Korea

🕐 11：30～22：00

🚫 春節、中秋連假

☎ 02-764-1736

主題之旅

城北洞的古蹟巡禮

🔵左 古色古香的壽硯山房在當地頗負盛名。
🔵右上 必點的南瓜紅豆刨冰（단호박 빙수；₩10,500）並不會太甜，能嚐到南瓜本身的香味和甜味。
🔵右下 壽硯山房的入口。

● 城北洞豬肉排骨店（성북동돼지갈비）

會來到這家外表樸實的店，其實
是因為據可靠消息指出，韓國主持界
4大天王之一的鄭亨敦曾來此外帶。
什麼！？亨敦都親自來外帶了，我也
要吃（很熟嗎？），而且連白種元主
廚的節目都曾介紹過這間店呢！原
來這家店開業已有40多年，深受當
地居民的喜愛，那看似不起眼的包

飯套餐，豬肉肉質
軟嫩、油而不
膩，絕對不會
讓人失望。

店家資訊

🚇 地鐵4號線漢城大入口站5號出
口，徒步約8分鐘

🏠 서울특별시 성북구 성북로 115
（성북동）
115 Seongbuk-ro, Seongbuk-
gu, Seoul, South Korea

🕗 08：30～21：00

☎ 02-764-2420

左上 略鹹的配菜正好適合包飯。　　左下 包飯包肉時加上配菜一起享用才夠味。
右上 品嚐平民美食的好去處。
右中 右下 烤肉包飯（불고기백반；₩8,000）、排骨包飯（갈비백반；₩8,500）。

● 拿破崙點心鋪本店（나폴레옹과자점）

　　這間堅持不賣隔夜麵包的點心
鋪，是首爾3大麵包店之一，寬敞的
店裡放滿各式各樣的麵包、蛋糕和
點心。店裡的沙拉麵包（사라다빵；
₩4,000）是人氣冠軍，那鬆軟的麵
包和新鮮的馬鈴薯沙拉內餡果然沒
叫人失望，是一種樸實的好味道，
要是來得晚，就只能撲空囉！

店家資訊

🚇 地鐵4號線漢城大入口站5號出口，
　　徒步約3分鐘

📍 서울특별시 성북구 성북로
　　7（성북동1가）
　　7 Seongbuk-ro, Seongbuk-gu,
　　Seoul, South Korea

🕐 08：00～22：00

🚫 春節、中秋節當天

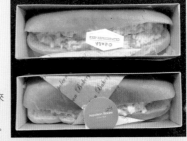

🔴上 綠標口味較清爽、白標則較香濃，大家不妨買來
　　　比較看看。
🔽 首爾3大麵包店之一。出爐時間大約是每日的11：30。

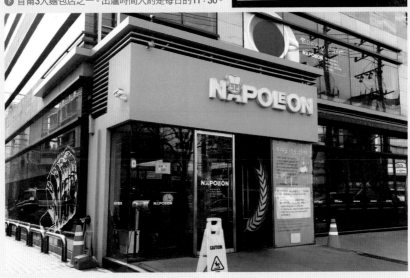

主題之旅

城北洞的古蹟巡禮

● CONGZIP咖啡（성북동콩집）

若你跟我一樣喜歡邊散步、邊欣賞城市風光，那麼來到長路漫漫的城北洞，請先來「CONGZIP咖啡」帶杯涼的再走。這裡的柳橙冰咖啡完美融合了咖啡與柳橙，是必點飲品。也許你會覺得咖啡加柳橙不奇怪嗎？是的！一點也不奇怪，冰涼的咖啡裡帶有清爽的橙香，真是好喝極了！

店家資訊

🚇 地鐵4號線漢城大入口站6號出口，徒步約8分鐘

🏠 서울특별시 성북구 성북로 58（성북동）
58 Seongbuk-ro, Seongbuk-gu, Seoul, South Korea

🕙 10：00～23：00

🚫 週一

☎ 070-7594-5139

FB https://www.facebook.com/congzip/

右上 手繪風的大叔招牌超可愛。　　右下 店內也有用餐區可使用。
左下 聽起來很奇怪，但味道一點都不怪的柳橙冰咖啡（카페오렌지；₩4,500）。

挑戰包羅萬象的各種體驗！！

　　難得來一趟首爾，除了穿韓服、喝韓酒、住韓屋、到汗蒸幕蒸一蒸，還可以走一趟限期舉行的夜鬼怪夜市，或是到電視台感受一下韓流的魅力；而若想在首爾盡享登山健行之趣，也只要搭上電車即可抵達登山口。豐富又多元的各種體驗，等著你來挑戰。

01
韓屋體驗

　　首爾旅行最大的優點，就是可以選擇韓屋作為住宿的選擇，不但有一種賓至如歸的感覺，還可以深入韓國道地生活，像電視裡的韓國人一樣睡在暖呼呼的地板上，換得一夜好眠。

　　而為了提供旅客一個安全又舒適的環境，目前大部分的韓屋都經過修繕與改造，

旅客服務中心

在此辦理入住、退房，工作人員晚上也會睡在這裡，有事可以直接到此找工作人員或透過LINE互相聯絡。

讓旅客們得以在古色古香的傳統建築裡，悠然自得地使用現代化設備，並能透過民宿的形式，藉機與來自各地的旅客一同交流，實在是一舉數得。

景福韓屋村24號旅館
（한옥 24 게스트하우스 경복궁）

來去韓屋住一晚，其實一點都不難，而且還有各式各樣的選擇。當初我在挑選韓屋時，因為考慮到是孝親之旅，因此乾淨整潔、設備完善、離車站和景點絕對不能太遠便成為首要條件，反而對於早餐等要求不高，於是沒有選擇傳統老韓屋，而選擇了這間新建的韓屋。

體驗資訊

交 地鐵3號線景福宮站2號出口，徒步約5分鐘

址 서울특별시 종로구 자하문로5가길 27-1（체부동）
27-1 Jahamun-ro 5ga-gil, Jongno-gu, Seoul, South Korea

時 入住時間為15：00〜22：00

電 02-732-3000

網 http://stayguesthouse.com/eindex.php（英文）

右上 室內溫馨又舒適，設備也很齊全，冰箱內備有免費飲料。
左下 右下 簡簡單單的房間，地板下舖有地暖，睡起覺來超暖和。

各種體驗
韓屋體驗

左 右 此韓屋旅館由4棟韓屋組成。

　　由三玄窟、五福軒、七寶庵、永喜堂這4棟韓屋組成的這間旅館，古色古香
的建築物和精巧的庭園實在美極了，服務人員也很親切，同住在這裡的旅客雖然
彼此都是陌生人，但卻好像自己的親戚朋友一樣，一起談天說地、互相分享旅遊
情報，還記得我才剛進門，立即就獲得其他房客分享的橘子，真的很溫馨。

　　而且這間韓屋就位於土俗村蔘雞湯附近，走個3分鐘就能享用長輩最愛的蔘
雞湯，早上還可以先去通仁市場飽餐一頓，再前往附近的景福宮散個步，離咖啡
街也很近，又備有現代化地暖系統，拖地暖的福，在寒冷的冬天裡我和家人都睡
得又香又甜。總之，在這裡不但體驗到韓屋的魅力，那良好的住宿品質也讓家人
好滿意，真心推薦。

各種體驗　韓屋體驗

02
韓服體驗

　　體驗韓服也是深入韓國文化重要的一環，而首爾各個觀光地也有許多可以體驗韓服的地方，你只要支付少少的錢、甚至免費，就能穿上美美的韓服，變身成公主、殿下。雖説是體驗，但既然要拍照留念，希望大家也能注意一下小細節囉！比如説如果可以的話，最好能把頭髮收得乾淨一點，才不會拍出擺明就是觀光客的披頭散髮照；此外，雖然很多女生都愛從上往下照（角度很重要嘛！我懂），但千萬別彎腰駝背，不然就會流露一臉貧相哦（泣）！

穿韓服拍照，姿勢和頭髮真的超重要。

體驗資訊

仁寺洞宣傳館（인사동홍보관）

🚇 地鐵3號線安國站6號出口，徒步5分鐘

🏠 서울특별시 종로구 인사동11길 19 (견지동)
　　19 Insadong 11-gil, Jongno-gu, Seoul, South Korea

🕐 10：00～17：30（午休時間12：00～13：00）

💰 ₩3,000（體驗時間為20分鐘）

☎ 02-737-7890

🌐 http://www.hiinsa.com/pr/pr1_1.asp

德壽宮大漢門（덕수궁 대한문）

🚇 地鐵1號線市廳站2號出口，徒步2分鐘

🏠 서울특별시 중구 세종대로 99 (정동)
　　99 Sejong-daero, Jung-gu, Seoul, South Korea

🕐 10：40～11：30 / 13：40～14：30 / 15：20～16：00

💰 無（體驗時間為10分鐘）

☎ 02-771-9955

🌐 http://www.deoksugung.go.kr

仁川國際機場韓國傳統文化中心
（인천국제공항 한국전통문화센터）

🚇 仁川國際機場候機航廈本館東側25號登機門前、西側29號登機門前、登機航廈122號登機門前

🕐 07：00～22：00

💰 無

🏠 需憑護照及登機證。
　　若離登機時間太近則無法體驗。

☎ 32-743-0357（東館）
　　32-743-0359（西館）
　　32-741-3215（登機東館）

🌐 https://www.chf.or.kr/c4/sub4_11.jsp

NG示範

🈺 敗筆：穿著韓服若披頭散髮，就會顯得太隨便。

🈴 敗筆：彎腰駝背，貧相十足（哭）。

來個母女裝。（攝於仁寺洞宣傳館）

娘娘

各式韓服任你選。
（攝於仁川國際機場）

殿下

公主

咦！機場碰到的小哥真像HOYA
（前INFINITE成員）！？

平民

各種體驗

韓服體驗

03
汗蒸幕體驗

相信看過韓劇、韓綜的人，應該都能感受到汗蒸幕對韓國人來說真的好重要，從出現的頻率之高可見一斑啊！這裡不但能舒壓，還能促進血液循環、新陳代謝，達到美容美體的效果；除此之外，大家還愛來這裡聊天、聚會，不熟的人也愛來這裡搏一下感情、拉近彼此之間的距離，所以汗蒸幕已經是韓國人生活中不可或缺的一部分了。

館裡備有各式各樣的休憩空間。

來到汗蒸幕，如果你跟我一樣是吃貨，別忘了買杯甜米釀、加顆雞蛋，一方面是為了滿足自己的胃，一方面也是為了補充流失的水分和養分。此外，別忘了待在汗蒸房裡，每5分鐘就要出來透個氣哦！

東大門SPAREX汗蒸幕（동대문 스파렉스）

東大門這個不夜城，讓許多旅客都愛來這裡投宿，而SPAREX就位於Good Morning City的地下3樓，交通真的超方便！入口雖然小小的，但進去之後會發現裡面寬敞無比。

體驗資訊

🚇 地鐵2號線東大門歷史文化公園站14號出口，徒步約1分鐘（Good Morning City B3～B4）

🏠 서울특별시 중구 장충단로 247, 굿모닝시티 지하3, 4층（을지로6가）
247 Jangchungdan-ro, Jung-gu, Seoul, South Korea

🕐 24小時

💰 05：00～20：00
成人 ₩9,000；兒童 ₩5,000
20：00～05：00
成人 ₩14,000；兒童 ₩6,000

☎ 02-763-8888

不好意思睡在路中間的話也可以選擇個人小包廂。

變身
羊咩咩
分解步驟

①先將毛巾分成3等分並摺成長條狀。

②先抓取其中一頭。

③將其往外翻。

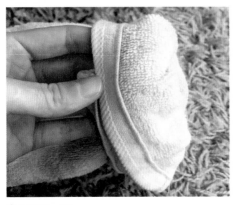

④再捲個3、4圈。

⑤捲至形成一個球形。

⑥另一頭也是一樣。到這裡，羊咩咩頭的雛形就完成

⑦撥開中間即可戴上。

左 當然也有冷到不行的冰庫。冷熱交替才有效。
右 館內還有各式造景呢！

　　進了汗蒸幕，不論男女老少，大家都在這裡光溜溜地袒裎相見（當然男女有別啦），但沒什麼好害羞的啦。至於流程，先稍微洗個澡後，接下來就要進入「烤羊模式」啦！把自己送進烤箱前，別忘了先罩個羊咩咩頭，除了可愛之外，其實也可以稍微保護頭髮。蒸完之後，先休息一下，去美食區補充一下水分和營養，接著除了可以像韓國人一樣自由自在地睡在路中間外，也可以選擇個人包廂，或使用各種休閒設施。最後，再去泡湯區好好地泡一泡，冷熱交替下，感覺皮膚變得好有彈性，而旅途中的疲勞也跟著煙消雲散！

04
傳統酒體驗

　　若想更了解韓國文化，請別錯過品酒這個環節。受到農耕文化的影響，韓國的傳統酒大部分都是以米釀成，而説到米酒，大家最容易聯想到的應該就是燒酒和馬格利酒吧！除了這2種代表性的韓國傳統酒外，其實近年來韓國也致力於水果酒等各種酒類的開發。想深入了解、卻不得其門而入的人，可到傳統酒展示館一趟！這麼一來，不但可以了解韓國的傳統酒文化，還可以品嚐到一般店裡嚐不到的得獎名酒呢！此外，街頭小巷的馬格利小酒館，也是深入韓國傳統酒文化的好去處。

傳統酒展示館（전통주갤러리）

　　穿過熱鬧的江南大街來到寧靜的小巷內，這裡有間傳統酒展示館，每個月都會精選4～5種酒，提供造訪者試飲。整個過程大約20～30分鐘，事先預約的話可以全部試飲，若是無預約的話，也可以在當月酒單中挑選2種試飲，而解說員還會用英文或日文為造訪者解說，十分貼心。最特別的是這裡有許多一般商店買不到的得獎酒哦！每一種都美味極了，完全顛覆了我對韓國酒的印象。不敢喝燒酒的人，也有機會嚐到馬格利酒和國產餐酒，喝完一輪之後，若是喜歡，還可以當場直接買回家！

體驗資訊

交 地鐵2號線江南站11號出口，
　徒步約10分鐘

址 서울특별시 강남구
　테헤란로5길 51-20（역삼동）
　51-20 Teheran-ro 5-gil,
　Gangnam-gu, Seoul,
　South Korea

體 10：00～20：00

休 週一

價 免費（需事先透過mail預約：
　soolgallery@naver.com）

註 可通英文、日文、韓文

電 02-555-2283

網 https://www.facebook.com/
　thesoolgallery/

傳統酒展示館

左上 快抓住免費品嚐韓國傳統酒的大好機會！

中上 入口處放著當月提供試飲的5款酒，裡面包含了各地區與主題的燒酒、馬格利酒、藥酒和國產葡萄酒（酒單每月更換）。

右上 解說員會透過館內的展示物，為造訪者說明韓國傳統酒的文化與類別。

左下 解說完畢後就開始正式品酒啦！

右下 除了酒之外，還有賣馬格利酒餅乾呢！（₩3,500）

各種體驗
傳統酒體驗

福德房馬格利小酒館（복덕방 막걸리집）

喜歡馬格利或是沒喝過馬格利的人，絕對不能錯過望遠洞的這間馬格利專賣店「福德房」。這間小酒館由一對母子經營，媽媽負責做菜，兒子負責外場，店內賣的大多是保存期限不到10天的「生馬格利」（沒喝過生馬格利的人非試不可！！），小小一間店卻經營得非常用心。老闆每天都會親自去市場採買新鮮食材，並由全羅道出身的媽媽親自下廚，果然全羅道出身就是不一樣，廚藝真的超好。一口香甜馬格利、一口媽媽味，絕對會讓人流連忘返。誰說來首爾只能喝燒酒？！快去望遠洞親自體驗馬格利的魅力吧！

體驗資訊

🚇 地鐵6號線望遠站2號出口，徒步約8分鐘

🏠 서울특별시 마포구 포은로8길
5（망원동）
5 Poeun-ro 8-gil, Mapo-gu,
Seoul, South Korea

🕐 （週一～週四）18：00～02：00
（週五、週六）17：00～02：00
（最後點餐時間01：00）

休 週日

☎ 070-8864-1414

IG @imkhang9

🔵左 位於望遠洞的馬格利小酒館，在此可品嚐到美味的生馬格利唷！6點不到門口就排起人龍了。呃～發現了嗎？酒鬼我搶頭香排第一個（笑）。

🔵右上 老闆會說流利的英文哦！不知道怎麼點的話，可以請老闆推薦。　　🔵右下 在開放式廚房做菜的媽媽廚藝一流。

左 蕎麥捲餅是此店的人氣佳餚，外皮酥脆，內餡則像泡菜餃子餡。（메밀전병；₩10,000）

右 馬格利酒杯。馬格利是一種用米發酵製成的濁米酒。

● 韓國飲酒文化

　　和韓國人一起喝酒時，絕不能幫自己倒酒，也不能單手接對方倒的酒。對方酒杯空了，就要馬上為對方倒滿，並要用右手倒酒，因為用左手的話表示看不起對方。而酒杯未空之前，絕不能添酒，因為在韓國只有在祭奠死者時才會添酒，因此添酒的舉動是很不吉利的行為，並被視為禁忌，一般而言韓國人一定會等對方喝完後再為其倒酒，若有人向自己敬酒，也會先將自己杯內的酒喝完，再接受倒酒。此外，與長輩同桌時，除了要等長輩先喝，還必須轉過頭去把酒一口氣喝掉。

📍 05
夜市體驗

　　只在週末開張的夜鬼怪夜市，因為就
像只在夜裡現身、並在早晨消失的夜鬼怪
一樣而得其名。自2015年開辦以來，每年
都吸引了大批當地民眾與觀光客前來，像
是2017年的夜鬼怪夜市就是在5個地點舉
行，每個地方的主題與內容都不太一樣，
並伴隨著春天的降臨，一路從3月底進行到
10月底為止。錯過這次的人也別氣餒，反

文創藝品區

跟入口處的大小鬼怪打完招呼後，可以在右
手邊看到一整排搭著橘色帳蓬的文創藝品
區。

正每年都會舉辦，一定要注意資訊，把握機
會朝聖！

這裡的攤販和台灣不同，每個餐車都是
精心打造而成，尤其是汝矣島夜市，因活動
會場位於漢江旁，所以不但可享盡各式美
食，還能欣賞首爾夜空下的
美景。吹著涼風、吃著美
食、看著迷人的夜景，這
種一石三鳥的大好機
會，大家怎能
錯過？

各式各樣的飲品和美食！！

體驗資訊

※週末限定的夜鬼怪夜市
（밤도깨비야시장；以2017年汝矣島
夜市為例）

期 2017.03.24～2017.10.29（每週
五、六）

交 地鐵5號線汝矣渡口站2號出口，
徒步約5分鐘

址 서울특별시 영등포구 여의동로
330（여의도동）
330 Yeouidong-ro,
Yeongdeungpo-gu, Seoul,
South Korea

營 18：00～23：00

註 2017年其他活動會場還包括東大
門設計廣場、盤浦漢江公園、清
溪廣場和清溪川

網 http://www.bamdokkaebi.org

各種體驗 夜市體驗

除了美食區與文創藝品區，還有現場表演可欣賞，漢江旁的音樂饗宴實在非同凡響。

一台比一台還豪華的餐車一字排開，讓人看了不禁目瞪口呆，從牛排、辣雞爪、窯烤披薩到甜點，各種菜色應有盡有。一旁還備有用餐區哦！

水光廣場的對面就是汝矣島熱鬧非凡的夜鬼怪夜市。

● 漢江煮麵機

吃過韓國泡麵的人應該都知道，韓國泡麵大多較有嚼勁，因此若是用泡的，實在無法泡出美味的麵條。那麼出門在外，想來一碗韓國泡麵的話，該怎麼辦呢？於是煮麵機就這樣誕生啦！韓國人來到漢江，總是不能少了這一碗，長長一條漢江，沿岸的便利商店幾乎都看得到煮麵機的身影。來漢江一遊時，別忘了入境隨俗，跟著韓國人一起去煮泡麵吧！

便利商店裡一排又一排五顏六色的泡麵，真是賞心悅目啊！

左 讓人很想抱一台回家的煮麵機。

右 煮麵機旁不但貼有教學步驟，還有專人在旁指導，藍衣老伯看到手拙的觀光客都會主動上前幫忙。

06
韓流體驗

　　喜歡看韓劇、韓綜的人，一定要來一趟「MBC World」，親自感受韓流的魅力。整個體驗分為M、B、C共3區，M區裡不但可透過「全息劇場」觀看偶像明星的演唱會，還可以透過科技達成與偶像共舞的夢想，而最有趣的就是新聞播報體驗，想當主播的人一定要把握機會啊！至於B區的「MBC經典韓流節目館」，則可配合各偶像劇和節目的布景拍攝「4D藝術照」。而C區則是MBC綜藝節目體驗，走進一間又一間的互動室，就可以跟自己喜愛的藝人合照哦！

體驗資訊

交 地鐵6號線數碼媒體城站9號出口，徒步約12分鐘

址 서울특별시 마포구 성암로 267, MBC방송센터내（상암동）
267 Seongam-ro, Mapo-gu, Seoul, South Korea

時 10：00～18：00（每隔30分鐘入場；體驗時間約90分鐘）

休 全年無休

價 成人 ₩18,000；學生 ₩13,000；兒童 ₩9,000

電 02-789-3705-6

網 http://mbcworld.imbc.com

左 MBC廣場上象徵性的藍色巨人，是韓綜中經常出現的場景。　右上 快去尋找劉大神（劉在錫）的手印！
右下 韓劇迷、K-POP控非來不可！！

MBC World 體驗記

售票處位於B區1樓；若事先於網路購買票券，也是在此處換取通行證。

通行證上有QR CODE，遊走各區時只要掃這個QR CODE，就能進行各種體驗。

M區

全息劇場。在劇場裡可以觀看當紅偶像明星的演唱會。

新聞播報體驗超有趣，並備有中文新聞稿。

與偶像共舞。

B區

「經典韓流節目館」。這裡備有各式4D藝術照的布景。

知名韓綜《無限挑戰（무한도전）》。你也可以成為無挑的一員。

知名韓綜《radio star》。

C區

到各個互動室掃取QR CODE，就可以跟GD等人氣大明星合照哦！

大明星們還會教你如何擺POSE呢！

體驗結束後！

購買官方隨身碟（8G），就能收藏新聞播報等體驗的影片及所有拍攝的相片。（₩20,000）

07

登山體驗

　　許多韓國人都喜歡登山、健行，而位於北漢山國家公園內的道峰山，只要搭電車，就能從市區抵達登山口，便利的交通，吸引不少登山客來此攻頂。不過由花崗岩巨石構成的基礎可不是那麼容易被征服，如遇陡峭的山勢，沒有一雙抓地力足的登山鞋和齊全的登山裝備，簡直是拿生命開玩笑啊！造訪者可依自身的腳力和裝

1號出口出來，即可看到前往登山口的路。

備，選擇輕鬆的健行路線、或是難度較高的攻頂路線。喜歡大自然的人，絕對不能錯過山上的絕景，雖然過程並不容易，但相信一定能為旅途留下永生難忘的回憶與無可言喻的成就感。

大叔是山神嗎？

只能說好傻好天真……

會想來首爾爬山，除了是因為偶然在網路上看到相片後便深深著迷之外，另一方面也是因為再怎麼說自己以前也曾經是個山林少女（八百年前的事也敢拿來說嘴），心想3公里左右的路途應該還好吧！？於是小看了這座山的天真女孩就這樣帶著她的背包與步鞋到首爾登山去了……。

體驗資訊

北漢山國家公園道峰山地區
（북한산국립공원 도봉지구）

交 地鐵1號線道峰山站1號出口

址 서울특별시 도봉구 도봉산길（도봉동）
Dobongsan-gil, Dobong-gu, Seoul,
South Korea

封 （封山期）根據天氣狀況採取
彈性管制

註 若未搭到直達車，必須在光云大
學站或倉洞站下車，再到對面月
台換車。

電 02-954-2566

網 http://bukhan.knps.or.kr

各種體驗

登山體驗

左 3km左右的路程並不算長，但地勢從平坦慢慢趨於陡峭。　右 愈到後面山勢愈陡，裝備不足千萬別輕易嘗試。

　　走著走著沒多久（請注意，此時真的只是走著），一旁的山客就問我：「小姐妳要登頂嗎？妳穿這雙鞋的話，我建議妳不要上去。」，咦？我看這路規劃得挺好的啊！沿路有階梯、有扶手，應該還好吧！？於是不以為意地和小夥伴繼續往前。沒想到山勢愈來愈陡，爬到最後僅剩三分之一的路途時，小夥伴終於宣告放棄，至於我，也不知哪來的勇氣，決定自己一人獨行，心想自己能爬到哪就到哪，所以和小夥伴約好集合地點後，就一個人繼續前行。當時的我，並不知道真正的難關其實就在這最後的一段路。

　　也許是小時候養成習慣的關係，沿路習慣和擦身而過的山客打招呼，大家雖然語言不通、而且只是擦身而過，不過都會互相小聊幾句，順便做個國民外交，也因為這樣我遇見了有如山神般的大叔。本來和大叔聊著聊著，不知不覺就被大叔超越了，也許是看我一個女生有點危險，而且看起來一副很想放棄的樣子（哈～的確很想放棄），於是大叔開始放慢腳步，不時在關鍵時刻拉我一把、時而用英文跟我説「YOU CAN DO IT!!」。老實説在爬到一整片裸露的花崗岩時，我是真的想放棄了，不是因為不想登頂，而是沒穿登山鞋實在沒膽穿過這麼一大片平滑的花崗岩，於是跟大叔指一指我的鞋，沒想到大叔還是那句「YOU CAN

DO IT」，並拉出健壯的手，邊叫我放慢腳步、邊把我拉了過去，就這樣我和大叔一路相伴，到達了紫雲峰。

一路上要不是大叔，我絕不可能看到一幕又一幕的美景，也多虧了大叔，我才能重拾登山的樂趣，享受到一股無法言喻的快感。大叔是山神嗎？是的，對於當下的我來說，大叔絕對是我的幸運山神。

爬完真的腿軟了，但真的好有成就感。

● 韓式關東煮

出了1號出口後，除了有許多運動用品店外，還有許多餐廳和小吃攤，在這之中，值得推薦的是放入螃蟹一起熬煮的韓式關東煮。關東煮多美味就不用說了，那湯更是一絕。而現點現做並包入大片紫蘇葉的飯捲，也是登山良伴，登山前別忘了帶上一捲哦！

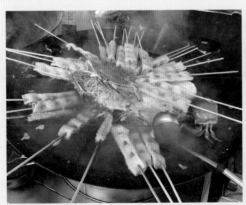

（左）看看這湯頭，先墊墊肚子再上路吧！ （右）放有紫蘇葉的飯捲，實在美味極了。（김밥；₩2,000）

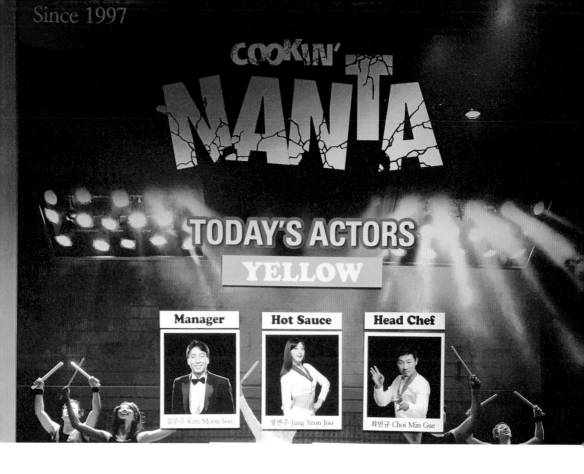

08

戲劇文化體驗

　　在首爾看秀的過程，是一段驚奇又爆笑的體驗。看秀之前對「亂打秀」的認知是一群人拿著鍋碗瓢盆敲敲打打？對「FIREMAN」的假想則是火場驚魂？結果沒想到這些表演居然這麼有趣！若有機會的話，真想把首爾所有的秀都看過一遍。

　　在表演中，各個演員功夫底子不但都很深厚，劇情安排也十分有趣，絕無冷場。而演員在表演時，都只用簡單的台詞，光透過肢體語言就能逗得台下哈哈大笑，就算語言不通也完全看得懂。那隨著節奏延伸出來的各種精彩表演，也讓人看得目瞪口呆，每位演員除了武功高強之外，角色的設定也很鮮明，各有各的特色，而且搞笑的功夫也是一流，讓人看了還想再看。

除此之外，表演中也安排了與台下互動的環節，因此除了欣賞表演之外，也能參與其中，和演員們一起成就表演。相信無論大人小孩，都會看得津津有味。

亂打秀（난타）

同樣的戲碼能從1997年一直紅到現在，絕不是沒有原因的。「亂打秀」曾巡迴世界各地，也是率先進入紐約百老匯舞台的亞洲劇團。此劇以四物打擊樂的節奏為基礎，描述3名大廚正忙著備料時，經理突然帶著討人厭又狗腿的姪兒出現，要廚師們教他廚藝，並攤開落落長的婚宴菜單，要他們在6點之前完成，於是一群人開始手忙腳亂地準備喜宴，並發展出一連

體驗資訊

弘大劇場

交 地鐵2號線弘大入口站9號出口，徒步約5分鐘

址 서울특별시 마포구 양화로16길 39（서교동）
弘대 난타극장 지하2, 3층
B2, 3F., 39 Yanghwa-ro 16-gil, Mapo-gu, Seoul, South Korea

演 （週一～週五）20：00
（週六、週日）17：00
※演出時間約90分鐘

網 （KLOOK）
https://www.klook.com/zh-TW/activity/240-nanta-show-seoul/
（KKday）
https://www.kkday.com/zh-tw/product/productlist/A01-004?page=1&city=A01-004-00001&cat1=TAG_1_18_4&sort=hdesc

各種體驗

戲劇文化體驗

左 弘大劇場的入口。大大的海報相當顯眼。　右 故事以廚房為背景！

串的爆笑情節，就是這麼有趣的情節和打擊樂結合一起，所以才能讓此劇長年來持續受到觀眾的愛戴。

FIREMAN（파이어맨）

以「消防員」作為主題的「FIREMAN」，算是比較近期的表演。劇中描述目標成為消防員的幾位訓練生的受訓過程，透過喜劇的呈現方式，讓觀眾陪著幾位訓練生一起成長。

劇中除了舞蹈和戲劇等表演外，還加入「跑酷」這個極限運動。源自法國的「跑酷」，是將各種設施當作障礙物或輔助，在不使用工具的情況

體驗資訊

明寶藝術廳

交 地鐵2號線或3號線乙支路3街站8號出口，直行2分鐘

址 서울특별시 중구 마른내로 47 지하3층（초동）B3., 47 Mareunnae-ro, Jung-gu, Seoul, South Korea

演 （週一～週五）20：00
（週六）14：00；17：00
（週日）15：00 ※演出時間約75分鐘

網 （KLOOK）
https://www.klook.com/zh-TW/activity/1973-fireman-show-seoul/
（KKday）
https://www.kkday.com/zh-tw/product/productlist/A01-004?page=1&city=A01-004-00001&cat1=TAG_1_18_4&sort=hdesc

左 位於乙支路3街附近的明寶藝術廳。離明洞也不遠。　右 故事圍繞在隊長、警衛與6位訓練生之間。

（左）以打火英雄作為題材。透過簡單的舞台設計與聲光效果，創造豐富的表演。

（右）表演結束後，演員會來到這裡和大家一起拍照留念哦！

下，迅速跑跳穿行。於是演員們時而像忍者一樣穿梭於舞台間，時而又像暗藏絕技的神人，為觀眾帶來精采的舞蹈表演和特技，讓觀眾驚呼連連。

購票指南：RUSH TICKET

　　所謂的「RUSH TICKET」，指的是僅限當日公演的優惠票券（最高可享3折）。來首爾遊玩時，若臨時想看秀、事先也沒有訂票的話，可以先至韓國觀光公社旅遊諮詢服務中心，查詢當日仍可購買的門票，取得門票後前往公演場地，然後至服務櫃台換票，就能開心地欣賞公演。

「RUSH TICKET」。拿著這張到公演會場換票即可。

購票資訊

🚇 地鐵1號線鍾閣站5號出口，步行約4分鐘

📍 서울특별시 중구 청계천로 40 2층（K-STYLE HUB）（다동）2F., 40 Cheonggyecheon-ro, Jung-gu, Seoul, South Korea

☎ （2F旅遊諮詢中心）09：00～20：00

🗓 全年無休

📞 02-729-9496-9

🌐 http://big5chinese. visitkorea.or.kr/cht/SI/SI_CH_2_4.jsp

韓國觀光公社旅遊諮詢服務中心

左上 旅遊諮詢中心就在這棟的2樓哦！　　**右上** 韓流明星的互動專區。　　**左下** 韓食文化館　　**右下** 商品宣傳館

　　旅遊諮詢中心2F有韓流明星的互動專區。3F還有韓食文化館，在此可領取韓服體驗和VR體驗等各種免費體驗券哦！4、5樓分別是韓食體驗館（需3天前先預約）和商品宣傳館（在此體驗韓服）。旅遊諮詢中心提供日文、中文、英文服務，不用怕語言不通哦！

八

逛逛逛！買買買！
首爾精選自肥清單

來首爾就是要逛逛逛！買買買！從當紅的卡通大明

星、五彩繽紛的彩妝與雜貨、到各種收藏迷的最愛，可愛

又實用的商品琳瑯滿目，叫人忍不住想一網打盡。心動不

如馬上行動，出國旅遊就是犒賞自己的最佳時機。

KAKAO FRIENDS
CONCEPT MUSEUM
SEOUL

01
遇見卡通大明星

KAKAO FRIENDS（카카오프렌즈）

　　深受韓國人喜歡的通訊軟體 「KAKAO TALK」，其原創卡通人物「KAKAO FRIENDS」讓韓國人愛到無法自拔，尤其是2016年加入的一隻沒有鬃毛的獅子「RYAN」，那粗粗的濃眉、冷酷卻超萌的表情，不只深深擄獲女生們的心，就連男生們也為他痴狂，KAKAO FRIENDS STORE

KAKAO FRIENDS STORE江南店
的巨型JAY-G。

左 KAKAO FRIENDS STORE弘大店的巨型RYAN身穿帽T。
右 KAKAO FRIENDS STORE弘大店3樓的「RYAN CAFÉ」。

專賣店的各分店也以**RYAN**作為鎮店之寶。不論是已認識「KAKAO FRIENDS」
的朋友也好、不認識的人也罷，一定都要來會會這幾位韓國卡通人物界的大明星
們啊！

　　目前首爾各店提供顧客拍照的大型模型裝扮和造型都不太一樣，無論是專賣
店、便利商店或藥妝店等處，皆備有許多送禮自用兩相宜的實用商品，**KAKAO
FRIENDS STORE**弘大店和江南店還有「RYAN CAFÉ」哦！

左起分別為迷
戀嘻哈歌手JAY-Z的鼴鼠JAY-G、沒有鬃毛的
獅子RYAN、扮成兔子的醃蘿蔔MUZI&鱷魚CON、從樹上逃跑的淘氣桃子
APEACH、生氣時會變綠色的敏感鴨TUBE、自戀的短髮貓NEO、富豪家的愛犬FRODO。

各專賣店和首爾各處販售的週邊商品

❶ 可愛又實用的行李牌（₩8,000；出自弘大旗艦店）

❷ KAKAO FRIENDS磁鐵（₩3,000；出自弘大旗艦店 ）

❸ KAKAO FRIENDS萬用貼（₩2,200；出自永豐文庫 ）

❹ RYAN衣物香氛噴霧（₩9,900；出自弘大旗艦店 ）

❺ JAY-G滑鼠墊（₩5,500；出自弘大旗艦店 ）

❻ KAKAO FRIENDS OK繃（₩1,000；出自樂天超市、一般藥局 ）

❼ RYAN車用手機架（₩19,900；出自emart24便利商店 ）

❽ RYAN牙刷、牙膏、漱口杯組（₩6,500；出自樂天超市 ）

❾ RYAN小夜燈（₩79,000；出自弘大旗艦店 ）

KAKAO FRIENDS STORE弘大店的地下1、2樓設有概念博物館，此博物館以限期的方式不定期推出不同主題的特展，展覽內容非常豐富又有趣，並可自由拍照留念。計畫前往弘大時，可先確認一下展期，若剛好遇到展覽期間，可千萬別錯過哦！

店家資訊

弘大旗艦店

🚇 地鐵2號線弘大入口站9號出口，徒步約1分鐘

📍 서울특별시 마포구 양화로 162（동교동）
162 Yanghwa-ro, Mapo-gu, Seoul, South Korea

江南店

🚇 地鐵2號線江南站10號出口，徒步約4分鐘

📍 서울특별시 서초구 강남대로 429, 유창빌딩（서초동）
429 Gangnam-daero, Seocho-gu, Seoul, South Korea

🕙 10：30～22：00

休 全年無休

🌐 https://www.kakaofriends.com/

KAKAO FRIENDS概念博物館

🔼 概念博物館位於KAKAO FRIENDS STORE弘大店面對大門的右側，搭乘手扶梯向下即可到達。

🔽 2016年「We Are Friends」特展的內容，包含了角色的設計過程、各角色的介紹、原畫……等。

🔟左 右 2017年的特展與大林美術館（대림미술관）合作，集結攝影、圖像、雕刻等領域的5位韓國藝術家，攜手將KAKAO FRIENDS融入世界名作之中。

LINE FRIENDS（라인 프렌즈）

　　深受台灣朋友喜愛的LINE FRIENDS，在首爾幾個熱門的觀光地都開設了專賣店，喜歡熊大、兔兔的朋友們，來首爾當然也要把「LINE FRIENDS STORE」列入自肥清單裡囉！

　　各店巨大的熊大玩偶不但會隨季節變裝，店內也備有各種LINE的週邊商品，絕對能夠滿載而歸。除了商品之外，每個角落的布置也相當用心，因此在購物之餘，千萬別忘了仔細「掃描」天花板、樓梯間等各個角落哦！

❶ 穿著恐龍裝的熊大可愛指數爆表。（₩16,000；出自LINE FRIENDS STORE）
❷ 以動物為主題的各式玩偶是熱門商品。
❸ 熊大曼秀雷敦護唇膏（₩3,800；出自OLIVE YOUNG）
❹ 恐龍裝熊大原子筆（₩3,500；出自LINE FRIENDS STORE）

左 明洞店的門口擺放著超可愛的巨型熊大。　右 店內的每個角落都是看點。

明洞店

交 地鐵2號線乙支路入口站7號出口，
  徒步3分鐘

址 서울특별시 중구 남대문로 67, 롯데영플라자 1층
  （남대문로2가）
  67 Namdaemun-ro, Jung-gu, Seoul, South Korea

營 11：30～21：30

休 每月不定期公休1次、春節、中秋連假

新沙店

交 地鐵3號線新沙站8號出口，徒步8分鐘

址 서울특별시 강남구 도산대로13길 27（신사동）
  27 Dosan-daero 13-gil, Gangnam-gu, Seoul,
  South Korea

營 10：00～22：00

休 全年無休

網 https://store.linefriends.com

Hello Geeks森林家族

　　「Hello Geeks森林家族」雖然知名度不如其他卡通
人物，目前也尚無專賣店，但那清新的畫風和酷酷
的表情，讓文青們愛不釋手。商品以文具及生活
用品居多，若想購買此系列的週邊商品，可在首爾
各大書店、文具店或是雜貨店，發現他們的蹤影哦！
（網址：http://www.romane.co.kr）

各式各樣可愛的行李吊牌
（₩7,000；出自教保文庫）

左 有鬃毛的綠眼酷獅子RAO　右 手機架（₩12,000；出自教保文庫）

自肥清單

遇見卡通大明星

223

📍 $\underline{02}$ 五彩繽紛的多色商品

Fennec

　　「Fennec」這個韓國設計師品牌的皮夾，採用真皮製作而成，簡約又大方的設計不但不受流行左右，也很好搭配，最棒的是色彩非常豐富，讓人忍不住想多買幾個輪流使用。其中最受歡迎的系列為「Fennec Double Wallet」系列，裡面有多層卡夾，還有放置零錢的空間，實用性超強。若要購買的話，目前可在「教保文庫」的精品區買到哦！（網址：http://fennec.co.kr）

以真皮製作而成的皮夾，推出了多種顏色與款式。

STYLE NANDA

　喜歡彩妝的朋友，絕不能錯過「STYLE NANDA」旗下的彩妝品牌「3CE」，其繽紛的色彩絕對能讓你找到自己想要的顏色。在本地購買的話，價格不但比較便宜，店內精心打造的裝潢也很賞心悅目。明洞店更以「PINK HOTEL」作為主題，將整棟建築打造得像飯店一樣，屋頂還有露天咖啡座供顧客休息哦！

店家資訊

STYLE NANDA（弘大總店）

🚇 地鐵2號線弘大入口站7號出口，徒步約6分鐘

🏠 서울특별시 마포구 와우산로29다길 23（서교동）
　　23 Wausan-ro 29da-gil, Mapo-gu, Seoul,
　　South Korea

🕐 11：00～23：00

🚫 春節、中秋節當天

☎ 02-333-9215

STYLE NANDA PINK HOTEL

🚇 地鐵4號線明洞站6號出口，徒步約3分鐘

🏠 서울특별시 중구 명동8길 37-8, 1~5층
　　（충무로2가）
　　1～5F., 37-8 Myeongdong 8-gil, Jung-gu,
　　Seoul, South Korea

🕐 11：00～23：00

🚫 全年無休

☎ 02-752-4546　🌐 http://stylenanda.com

🔼 弘大總店相當寬敞，可在此盡情試妝。

中🔼 明洞店則打造成一間粉紅色旅館。

中🔽 明洞店頂樓的露天咖啡座，是IG熱門的打卡處。

🔽 各色彩妝任君挑選。

225

MONAMI（모나미）

　　想特製一支自己專屬的筆嗎？只要來到老品牌「MONAMI」，原子筆從筆芯到外包裝，都可以自由組合，店內甚至還提供鋼筆刻字服務（限英文與韓文，每支₩2,000）。此品牌的153 ID系列，更因為男團「神話（SHINHWA）」的加持而成為熱賣商品。

店家資訊

弘大店

交 地鐵2號線弘大入口站7號出口，
　徒步約6分鐘

址 서울특별시 마포구 어울마당로5길 23
　3층（서교동）
　3F., 23 Eoulmadang-ro 5-gil, Mapo-
　gu, Seoul, South Korea

營 11：00～22：00

休 不定期公休

網 http://www.monami.com/en/

左 可自由組合的原子筆（1支平均₩1,500）　右上 選出自己喜愛的配件後，再自行組合即可。
右中 色彩備有多樣化選擇。　右下 153系列被稱為韓國的國民筆。此為153 flower系列。

ETUDE HOUSE COLOR FACTORY

　　想擁有自己專屬的唇彩嗎？那麼快來ETUDE HOUSE的「COLOR FACTORY」一趟吧！專員會依據個人的穿衣習慣、膚色、個人喜好等細節，為顧客製作專屬的唇彩，整個過程只要1.5小時，來新沙洞逛街時不如先來這裡吧！逛完街剛好取貨，真是完美！

店家資訊

交 地鐵3號線新沙站8號出口，徒步約5分鐘

址 서울특별시 강남구 도산대로13길 22 지하1층
（신사동）
B1., 22 Dosan-daero 13-gil, Gangnam-gu, Seoul, South Korea

營 （1樓門市）09：30～23：00
（COLOR FACTORY）11：00～21：00

網 http://www.etudehouse.co

連唇彩的外殼也能挑選。
（特製唇彩＋自選外殼；
₩20,000／支）

左 在左側選色台與專員商量、選色後，專員會在右側的工作室為顧客製作專屬的唇彩。

右上 右下 沒時間製作唇彩的人，也可以直接挑選現有的色彩，同樣可以自選。

自肥清單

五彩繽紛的多色商品

03

流行時尚好選擇

8 Seconds（에잇세컨즈）

　　韓國代表性的平價時尚品牌「8
Seconds」在新沙洞和明洞等地都有分店，
過去曾以「8”×gd」系列成功炒熱話題，並
讓此品牌各店一度成為BIGBANG迷的朝聖
地之一。目前則由GD的師弟團WINNER接
手代言。

看似簡約的白T恤，把手臂、臀部、大
腿該遮的地方全遮了，實在是太優秀了
（₩35,900）。除了服飾之外，背包等配件
也推出許多簡約又實用的設計。

左 明洞總店的外觀相當氣派，樓高4層，款式超多。
右 明洞1店門口擺放著WINNER成員的立牌吸引顧客上門。

HAT'S ON（햇츠온몰）

　　帽子對韓國人來說是時尚的象徵之一，因此帽子的設計與種類也相當豐富。而「HAT'S ON」這間帽子專賣店不只販售世界各地採購而來的精選帽子，也備有各種原創設計，許多偶像明星都是此店的忠實主顧。

自肥清單

流行時尚好選擇

店內擺滿琳瑯滿目的帽子。

CHUU（츄）

就算是自欺欺人也好，能在視覺上少個5公斤，絕對是每個女孩兒的夢想。2016年1月在弘大開設第一間實體店面的「CHUU」，以-5kg牛仔褲掀起話題，雖然現在透過網路也能買到，但除非對腿形有十足的把握，不然最好還是把握造訪首爾的機會到店裡試穿、選購吧！

店家資訊

🚇 地鐵2號線弘大入口站8號出口，
　　徒步約8分鐘

📍 서울특별시 마포구 와우산로29다길 20 (서교동)
　　20 Wausan-ro 29da-gil, Mapo-gu,
　　Seoul, South Korea

🕐 11：00～23：00

❌ 全年無休

☎ 070-4457-2456

🌐 http://chuu.co.kr

左 「CHUU」第一間實體店面就開在STYLE NANDA弘大總店正對面。店門前擺放著-5kg的大體重機。
右上 右下 成為熱門話題的-5kg牛仔褲。雖然每人一次只能試穿2件，但購買前千萬別嫌麻煩，一定要先試穿。

TOUCH GROUND（터치그라운드）

　　受到復古風潮的影響，造型復古的「TOUCH GROUND」手工鞋一舉成為熱門商品，再加上鞋面附有可拆式流蘇裝飾，所以可以一鞋兩穿，搭配裙子或褲子都很合適呢！目前可在狎鷗亭的「515」買到哦！（網址：http://touchground.co.kr）

一鞋兩穿的設計，能擴展造型的變化。

目前可在狎鷗亭羅德奧站附近的「515」精品店購得。

店家資訊

515

🚇 地鐵盆唐線狎鷗亭羅德奧站5號出口，徒步約1分鐘

📍 서울특별시 강남구 선릉로157길 8（신사동）
　　8 Seolleung-ro 157-gil, Gangnam-gu, Seoul, South Korea

🕐 11：00～22：00

🚫 春節、中秋節當天

📞 02-6959-9515

📷 @515shop_official

● 冰箱褲（냉장고 바지）

　　以清涼著稱的「冰箱褲」，在GD、秀智等許多大明星的加持下，搖身一變成了時尚單品。這種褲子不但超有彈性，透氣性也很強，穿起來超清涼，因此在韓國被稱為「冰箱褲」。夏天去韓國的市場走跳時，別忘了帶上一件冰箱褲，好度過炎炎夏日！

出沒於各大傳統市場的冰箱褲。有了它，再也不必害怕炎熱的夏天。

04
各種收藏迷的最愛

星巴克

　　喜歡收集「星巴克」週邊商品的人，來到首爾別忘了到星巴克搜刮只有在韓國才買得到的限定商品哦！除了星巴克城市杯之外，櫻花杯等季節性商品也美到不行，不買實在對不起自己啊！

快來收藏各式各樣在韓國才買得到的星巴克杯吧！

香蕉迷

受到香蕉牛奶風潮的影響，首爾各店也推出許多可愛的香蕉相關商品。像是為貓痴狂而放棄念大學的金明秀小姐所設計的「Jetoy CHOO CHOO」，也推出了許多香蕉貓系列商品。而韓國第一連鎖藥妝店「OLIVE YOUNG」，也推出了香蕉牛奶味的沐浴乳和身體乳。快來收集五花八門的香蕉商品吧！

店家資訊

Jetoy（제토이）
明洞1號店

交 地鐵2號線乙支路站6號
出口，徒步5分鐘

址 서울특별시 중구 명동길 14,
쇼핑센터 3층 (명동1가)
3F., 14 Myeongdong-gil,
Jung-gu, Seoul, South
Korea

營 11：00～22：00

休 全年無休

電 02-3789-3023

網 http://www.jetoy.co.kr

左 香蕉牛奶的聖誕限定包裝也超可
　愛。（₩1,300；各大便利商店）
右 頭戴香蕉的超可愛貓咪手提袋。
　（₩29,800；Jetoy CHOO CHOO）

左 香蕉牛奶馬克杯（₩8,500；出自YELLOW CAFE）
右 香蕉牛奶公司推出的身體乳，目前一共有香蕉、草莓、哈蜜瓜、咖啡等4種味道（₩9,500；出自OLIVE
　YOUNG）；除此之外也有洗手乳、護手霜和護唇膏等系列。

隨時更換的限定商品

　　對於收藏迷來說，韓國簡直就是收藏天堂，像是近年來爆紅的小小兵，首爾街頭四處可見，相關商品個個實用又可愛。在世界各地都有連鎖店的SUBWAY也在韓國與LEGO合作，推出了LEGO模型。而知名超商7-11與哆啦A夢合作的杯裝模型，也令收藏家瘋狂。遊玩之餘，別忘了注意一下又有哪些限定商品推出哦！

哆啦A夢杯裝人偶（₩4,000；7-11）

小小兵限定商品（濕紙巾隨身包2包₩1,800、大包濕紙巾2包₩5,000、泡麵₩1,500；出自GS25便利商店）

SUBWAY與LEGO第二次攜手推出的模型（₩15,000；SUBWAY）

九

選個好禮物，奪得好人緣

　　回國之前也幫家人、好友或是公司同事選購一份貼心的好禮物吧！無論是雜貨控好朋友、韓味控好朋友、K-POP控好朋友還是長輩，各式各樣的伴手禮絕對能讓你買得開心、送得滿意。

01
雜貨控好朋友

教保文庫（교보문고）

　　有韓國誠品之稱的「教保文庫」是韓國最大的連鎖書店，除了齊全的書籍之外，還備有種類豐富又齊全的精品、文具與雜貨，能讓人一次搜刮各種伴手禮，送給不同的至親好友。

KAKAO FRINEDS的收納袋
（₩3,000）

店家資訊

永登浦店

🚇 地鐵1號線永登浦站6號出口，徒步約5分鐘

🏠 서울특별시 영등포구 영중로 15, 타임스퀘어 2층
（영등포동4가）
2F., 15 Yeongjung-ro, Yeongdeungpo-gu, Seoul,
South Korea

🕐 10：00～22：00

🚫 全年無休

🏢 另有合井店、光化門店等分店

☎ 02-2678-3501

🌐 http://www.kyobobook.co.kr/

⬆ 教保文庫永登浦店位於TIME SQUARE的2樓。

⬛ 手抄書適合送給懂韓文的朋友。

⬇ 刮畫明信片。只要沿著灰色部分刮，就會出現色彩。（₩4,900）

236

ART BOX（아트박스）

　　超人氣文具連鎖店「ART BOX」對文具控來說簡直是樂園，裡面備有各式各樣的文具、禮品和文創商品，不僅提供多樣化的選擇，價格也相當實惠，超適合在此挑選禮物送給文具、雜貨控的朋友。

大眼睛鴨舌帽（₩18,000）

店家資訊

弘大店

交 地鐵2號線弘大入口站9號出口，徒步約8分鐘

址 서울특별시 마포구 와우산로21길 31（서교동）
31 Wausan-ro 21-gil, Mapo-gu, Seoul, South Korea

營 11：30～23：00

休 全年無休

註 另有梨大店、明洞店等分店

電 02-332-2253

網 www.artbox.co.kr/

左 店內擺滿各式各樣的信封信紙組與卡片。　右 除了文具之外，帽子的種類也很豐富。

伴手禮

雜貨控好朋友

JAJU（자주）

新世界集團旗下的生活時尚品牌「JAJU」，販賣的商品以居家生活用品為主，被稱為韓國的無印良品，備有許多小清新的自然系商品。若要購買生活小雜貨送給朋友，「JAJU」絕對是不二選擇。

店內的商品依季節而異，各式各樣生活相關用品與節慶用品琳瑯滿目。

店家資訊

新沙洞店

🚇 地鐵3號線新沙站8號出口，徒步約5分鐘

🏠 서울특별시 강남구 도산대로13길 15（신사동）
15 Dosan-daero 13-gil, Gangnam-gu, Seoul, South Korea

🈺 農曆正月初一與中秋節當天

📞 02-3447-3600

🕐 （12月～2月）週一～週四11：00～21：00 /
週五～週六11：00～22：00 /
週日12：00～21：00

（3月～11月）週一～週六11：00～22：00 /
週日12：00～21：00

🌐 http://m.sivillage.com/living/display/displayShop

BUTTER（버터）

若想為展開新生活的朋友添購生活用品，「BUTTER」絕對是最佳選擇。店內備有質感超優、風格清新又齊全的平價生活用品，很適合送給重視實用性的朋友。同時也是布置房間的好幫手！

店家資訊

弘大店

🚇 地鐵2號線弘大入口站1號出口直通

🏠 서울특별시 마포구 양화로 153, 이랜드
복합관 홍대점 지하2층（동교동）
B2., 153 Yanghwa-ro, Mapo-gu, Seoul, South Korea

🕐 11：00～23：00

🈺 全年無休

🈂 另有誠信女大店、時代廣場店等分店

📞 02-338-5742

📘 www.facebook.com/butter.co.kr

小紅帽與大野狼抱枕
（小紅帽₩9,900；大野狼₩8,900）

object（오브젝트）

想為喜歡文創商品的朋友找點不一樣的禮物嗎？那麼快來object挖寶吧！此店1樓和2樓放滿各式各樣的韓國文創商品，每一個角落都不容錯過，絕對能讓你找到獨特的好禮！！2樓還有以物易物的空間呢！

店家資訊

弘大店

交 地鐵2號線合井站3號出口，徒步約5分鐘

地 서울특별시 마포구 어울마당로5길 23 (서교동)
　 23 Eoulmadang-ro 5-gil, Mapo-gu,
　 Seoul, South Korea

營 11：00～23：00

休 農曆正月初一與中秋節當天

電 02-333-1369

網 http://insideobject.com

左上 位於弘大商圈的「object」備有許多別於其他雜貨屋的精品和雜貨。　右上 Bomsamuso的各式卡片。

左下 1樓的精品雜貨區。而2樓也設有以物易物的空間。　右下 Argarg Factory的鳳梨束口袋。（₩10,000）

02
韓味控好朋友

　　韓國泡麵送禮自用兩相宜，超適合送給喜愛韓味的好朋友，因此難得來一趟首爾，不好好補個貨怎麼行！？而調理包則適合送給喜歡自己動手做的好朋友，只要三兩下就能做出正宗韓味。P.S.韓國泡麵建議用煮的比較好吃哦！

名廚李連福代言！
非吃不可！

八道海鮮湯麵和八道擔擔麵

辣到噴火

三養辣味火雞乾拌麵

鮮甜好滋味

農心浣熊昆布烏龍麵和東遠速食韓式雜菜

在地人推薦！

不倒翁芝麻拉麵

雖辣卻停不了口

洪錫天主廚GS25限定辣味起司拌麵

速食麵、年糕、醬料全都包！

東遠炸醬麵風味年糕鍋和CJ辣炒年糕醬

近年來韓國零食的種類愈來愈豐富，愈做愈好吃，連包裝都很精美，選購伴手禮時，當然不能少了零食啦！此外，放上明星肖像的商品，則適合送給熱愛韓流的朋友們。而適合放在辦公室分送的韓茶膠囊系列也是不錯的選擇。

江南大叔PSY代言的海苔脆片超好吃，共有原味、蜂蜜、烤肉和辣味四種口味。（蜂蜜口味₩2,380；出自樂天超市）

左 蜂蜜蘋果口味的卡哩卡哩，絕對會讓人一口接一口。

右 螞蟻好朋友請選DOUBLE SWEET（₩1,150；出自各大超市、便利商店）。

帶有香濃起司味的Market O超厚起司洋芋片（₩2,500；出自各大超市、便利商店）

HAITAI又香又濃又美味的馬鈴薯脆片，內含4小包。（₩1,500；出自CU便利商店）

上 當紅團體WANNA ONE代言的樂天夾心酥（₩1,600；出自樂天超市）。

下 朴寶劍代言的樂天Ghana巧克力（₩1000；出自GS25便利商店）。

便利的韓茶膠囊系列備有蜂蜜柚子、蜂蜜葡萄柚、蜂蜜薑茶等多種口味，適合分送公司同事。（1盒₩5,800；出自樂天超市）

K-POP控好朋友

　　想送禮給熱愛K-POP的朋友，當然不能錯過SM與YG這2大娛樂公司的官方商品囉！官方商品上哪買？來專賣店就對了！

SM

　　位於三成洞的SMTOWN除了能購買週邊商品外，這裡還有SM旗下的咖啡店、互動專區和展示空間呢！

　　位於清潭洞的SM C&C，1樓為SUM Café，B1為SUM Market。相較於SM-TOMN，SM C&C裡的SUM Martket商品較少，但也較不用人擠人。

* 右 SUPER JUNIOR的SUPER NUTS（₩35,000）。
* 左 NATURE REPUBLIC聯名護手霜。（₩3,300）。

店家資訊

SMTOWN @ coexartium
- 交 地鐵2號線三成站5、6號出口直通
- 址 서울특별시 강남구 영동대로 513, COEX artium（삼성동）
  513 Yeongdong-daero, Gangnam-gu, Seoul, South Korea
- 時 11：00～22：00
- 休 全年無休
- 網 www.smtownland.com

SM C&C
- 交 地鐵7號線清潭站6號出口，徒步約1分鐘
- 址 서울특별시 강남구 삼성로 648（삼성동）
  648 Samseong-ro, Gangnam-gu, Seoul, South Korea
- 時 09：00～21：00
- 休 全年無休
- 電 02-6240-9800

* 左 SMTOWN
* 中 SM C&C
* 右 明星的Q版商品也很受歡迎。

YG

明洞的YG REPUBLIQUE包含燒肉店、咖啡店、酒吧及週邊商品區。一共有兩層樓。

而YG PLACE則位於梨花女子大學校門附近，販售部分YG週邊商品。

超有人氣的YG熊，在門口歡迎客人。

店家資訊

YG REPUBLIQUE明洞店

🚇 地鐵2號線乙支路入口站6號出口，徒步約7分鐘

📍 서울특별시 중구 명동7길 13（명동1가）
　　13 Myeongdong 7-gil, Jung-gu, Seoul, South Korea

🕐 （週日～週三）10：00～24：00
　　（週四～週六）10：00～01：00

🈺 全年無休

☎ 02-318-3892

YG PLACE梨大店

🚇 地鐵2號線梨大站2號出口，徒步約4分鐘

📍 서울특별시 서대문구 이화여대길 59（대현동）
　　59 Ewhayeodae-gil, Seodaemun-gu, Seoul, South Korea

🕐 11：00～21：00

🈺 全年無休

☎ 02-491-2500

🔼 YG REPUBLIQUE「三岔路肉舖」燒肉店入口。

🔘 名為「3 Birds」的咖啡店空間；酒吧在2樓。

🔽 梨大YG PLACE。

04 孝敬長輩

出國旅遊也別忘了買點伴手禮送給敬愛的長輩哦！雖然給長輩的伴手禮往往最難挑選，但不用擔心，首爾有許多長輩喜歡的豐富好禮等你親自去挑選呢！紅蔘軟糖、蔘片、湯頭包……，各式各樣長輩看了、用了、吃了絕對會滿意的好禮推薦就在這裡。快抓住聊表孝心的大好機會吧！

❶ 紅蔘是長輩的最愛！高麗紅蔘軟糖帶有淡淡的蔘香（買一送一₩4,980；出自樂天超市）。

❷ 農協蜂蜜紅蔘片是帶有蜂蜜甜味的蔘片，吃起來順口（₩39,000；出自樂天超市）。

❸ 農協紅蔘液為6年根紅蔘液，1盒內含10小包，方便攜帶（₩103,500；出自樂天超市）。

❹ 韓國麻油香味獨特，適合送給喜歡做菜的長輩（₩5,380；出自emart）。

❺ 葵花子巧克力，大人小孩都喜愛。（90g包裝₩2,100；出自各大便利商店和超市）

❻ 厚切乾燥梨片有別於一般的水果乾，香甜又美味。還有蘋果等其他口味（₩3,480；出自SSG超市）。

❼ 甜而不膩的柿子乾，討長輩開心就靠這包啦！（₩6,900；出自樂天超市）

❽ 實用的搓澡巾，還附把手，背面也能輕鬆清潔溜溜。方形手套搓澡巾則有各種花色和款式。（可在傳統市場或超市購得）

❾ 內含昆布、蝦與魚乾的湯頭包，採用便利的夾鏈袋包裝，是熬湯時的好幫手（10包₩9,500；出自SSG超市）。

● 超市推薦

樂天超市（首爾站店）

　　若要前往樂天集團開設的樂天超市，建議前往首爾站店，不但營業時間到晚上12點為止，購物金額在₩30,000～₩199,990之間，還可以辦理即時退稅。只不過部分商品只販售大容量包裝，若要購買小容量的包裝，可至樂天超市的其他分店或其他超市選購。

店家資訊

🚇 地鐵1、4號線首爾站1號出口，徒步約2分鐘
🏠 서울특별시 중구 청파로 426（봉래동2가）
　　426 Cheongpa-ro, Jung-gu, Seoul, South Korea
🕐 10：00～24：00

💤 第二、第四週的週日。不定期公休
☎ 02-390-2500
🌐 company.lottemart.com/branch
📝 孔德站、金浦機場等地也有分店

emart（清溪川店）

　　emart超市是新世界集團旗下的大型連鎖超市，價格相當親民，有韓國家樂福之稱，是韓國人日常生活的好夥伴。部分商品的價格也較其他超市來得低，想撿便宜的朋友千萬別錯過。

emart 清溪川店

🚇 地鐵2號線新堂站2號出口，徒步約10分鐘

🏠 서울특별시 중구 청계천로 400（황학동, 롯데캐슬베네치아）
400 Cheonggyecheon-ro, Jung-gu, Seoul, South Korea

🕐 10：00～24：00

🏖 農曆春節及中秋節當天

📞 02-2290-1234

🌐 english.shinsegae.com

📝 永登浦站、孔德站等地也有分店

SSG MARKET

　有貴婦超市之稱的「SSG
MARKET」位於江南地區的清
潭洞，也是新世界集團旗下的品
牌，超市裡不但備有來自世界各
地的進口商品，也有諸多自家原
創商品。而這些對於產地和製作
方式都很講究的原創商品，也非
常適合送給長輩。

SSG MARKET

🚇 地鐵7號線清潭站8號出口，徒步約12分鐘

🏠 서울특별시 강남구 도산대로 442, 피엔폴루스 지하1층
B1F., 442 Dosan-daero, Gangnam-gu, Seoul,
South Korea

🕐 10：00～22：00

🏖 農曆正月初一和中秋節當天

📞 02-6947-1200

🌐 www.ssgfoodmarket.com

把握難得的機會，
首爾近郊 LET'S GO！

只玩首爾玩不夠？不如到首爾近郊欣賞一下不同的城市風光吧！位於京畿道楊平的「作夢的照相機咖啡館」被美國知名網站評為「死前必訪的25間咖啡廳之一」，當然非去不可；而鄰近仁川國際機場的仁川，也非常值得一遊。

📍 01
作夢的照相機咖啡館（꿈꾸는 사진기）

　　在某次巴黎旅行的行前準備中，偶然看見了美國網站BuzzFeed精選「死前必訪的25間咖啡店」，這才發現韓國居然有一間這麼美的咖啡店，而且它背後還有一段關於夢想的故事。

　　這家咖啡館的老闆是個熱愛攝影又愛作夢的人，而老闆娘喜歡大自然並夢想開設一

店裡四處可見老闆珍貴的相機收藏品。

間咖啡店，至於女兒則是希望有狗陪伴，於是他們花了2年的時間建了這間咖啡館，構想來自於經典的紅色Rolleiflex雙眼120古董相機。這間店不只是他們的夢想，老闆和老闆娘也希望藉由此店激勵大家實踐自己的夢想，因此來到這裡，老闆娘會請客人在空白的夢想清單上列下自己的夢想，並拍成2張拍立得相片，一張貼在店裡，一張給客人帶回去，希望大家一起珍惜自己的夢想。

店裡除了有各式飲料和甜點外，年糕點心也非常推薦！看似堅硬的年糕，吃起來非常Q彈；而又香又甜的年糕上，還撒滿各式各樣的堅果，既營養又美味。

左 1樓空間除了工作區外還有一張大長桌。

右上 咖啡店的風景明信片記錄著此店一年四季之美。（₩1,000／張）

右下 大力推薦此店的年糕點心（Go.Sae.Dal.DDuck；₩8,000）。

牆壁和樓梯附近貼滿訪客的夢想，大頭不如也在這裡寫下你的夢想，請舉並大膽去圓夢吧！

意外小插曲

　　造訪當日雖然一大早就出門了，但因為看不懂韓文的關係，坐到德沼站（덕소역）又原車坐回了起點（OH MY GOD），於是多花了1個小時（哭）。因此提醒大家不懂韓文沒關係，但千萬別一上車就睡覺或是做低頭族哦！（慘痛的教訓）

店家資訊

🚇 搭乘地鐵中央線到龍門站，再轉搭計程車（回程僅需告知老闆娘，老闆娘就會幫忙叫車）

🏠 경기도 양평군 용문면 한솔길 35（중원리）35 Hansol-gil, Yongmun-myeon, Yangpyeong-gun, Gyeonggi-do, South Korea

🕚 11：00～18：00

🈺 週日、週一（以FB的公告為主）

☎ 031-771-3264

FB https://www.facebook.com/cafedreamy/

左上 車次的告示版目前並無中英文，通往龍門站（용문역）的列車請認明跑馬燈上的「용」字。

左下 若沒坐到直達車，只要在德沼站下車，再換到對面的月台轉車即可。

右 目的地是龍門站。

近郊之旅　京畿道楊平

📍 01
釜岩排骨（부암갈비）

　　「釜岩排骨」是仁川3大人氣烤肉店之一，雖然從車站出來會感到附近人煙稀少，但請堅持走個10分鐘，因為美食就在前方等著各位。一入店內，店內的熱鬧景象與店外形成對比，讓人忍不住猜想：「莫非路上的人都擠到這間店裡來了嗎！？」

　　坐下來開始點菜，雖然沒有中文菜單，不過不必擔心，因為店內主賣的就是排骨，所以只要跟阿姨比個手勢說要幾人份就行了，接下來就可以等著

許多美食節目都曾介紹過這間店。

享用厚實又軟嫩的排骨啦！

　　排骨的吃法有很多種，可以直接吃，或是用菜葉包著吃，也可搭配沾醬、配菜一起吃……看著五花八門的沾醬和配料不知道怎麼搭配嗎？不用擔心，阿姨只要看到第一次來的顧客，都會耐心傳授吃法。首先阿姨會先把泡在特製沾醬裡的青辣椒剪碎，待肉烤好之後，接著會一一示範各種不同的吃法，讓你吃得既開心又安心。

魚醬炒飯必點！！

店家資訊

交 地鐵仁川1號線間石五岔路口站3號出口，徒步約10分鐘

址 인천광역시 남동구 용천로 149（간석동）
149 Yongcheon-ro, Namdong-gu, Incheon, South Korea

營 12：00～24：00

休 每月第二週的週二、春節、中秋連假

價 ·一人份200g生排骨（생갈비；₩15,000）
·魚醬炒飯（젓갈볶음밥；₩3,000）

電 032-425-5538

上 放有青辣椒的特製沾醬超清爽。

中 還附蒸蛋呢！

下 菜單上沒有的魚醬炒飯也不容錯過。

02
蘇萊濕地生態公園（소래생태습지공원）

占地超廣的「蘇萊濕地生態公園」，曾經是韓國最大的海水曬鹽生產基地，目前已將廢鹽場改造成生態展示館，並分成鹽田、泥灘和濕地3部分供遊客參觀。除了冬季以外，遊客都可以在此體驗製鹽的過程，而大大的風車與蘆葦也是熱愛攝影的人必拍的私房景點。這裡的景緻會隨著季節與時刻而變，也有許多人愛來這裡享受騎乘鐵馬的樂趣。

參觀資訊

交 地鐵水仁線蘇萊浦口站2號出口，徒步約15分鐘

址 인천광역시 남동구 소래로154번길 77 （논현동）
77 Sorae-ro 154beon-gil, Namdong-gu, Incheon, South Korea

營 10：00～18：00

休 週一

價 免費

電 032-466-7282

網 http://grandpark.incheon.go.kr/posts/945/1379

上 蘇萊濕地生態公園的入口處。
中 進入生態公園就會看到兩旁廣大的濕地。
下 廢棄的鹽場，可體驗製鹽的過程。

知名的大風車。很多人都為這3座風車特地來到這裡。因為EXO的世勳曾在IG上傳過這裡的相片，而讓這裡的大風車一度成為EXO迷的朝聖地。

● 蘇萊浦口綜合魚市場（소래포구 종합어시장）

　　造訪蘇萊濕地生態公園時，可順道拜訪「蘇萊浦口綜合魚市場」，這個魚市場以物美價廉出名，訪客可以自行挑選魚貨，再支付基本費請附近的餐廳代為料理，或是直接找間自己中意的餐廳來鍋辣魚湯也是不錯的選擇。若吃不下海鮮大餐的話，請別錯過這裡的炸蝦和烤魚，許多當地民眾都愛點上幾尾烤魚配燒酒哦！

上 許多當地人都愛這裡的烤魚。
下 必吃的辣魚湯，其實不會很辣哦！
　湯頭非常鮮美。

店家資訊

交 地鐵水仁線蘇萊浦口站2號出口，徒步約5分鐘
址 인천광역시 남동구 소래역로 12（논현동）
　　12, Soraeyeok-ro, Namdong-gu, Incheon, South Korea
營 09：00～21：00

休 全年無休
價 辣魚湯價格依組合而異
電 032-719-1522
網 sorae49.com

近郊之旅

03
船橋書店街（배다리 헌책방 골목）

　　從車站一路走來，穿過畫滿壁畫的地下道來到對面之後，即可到達船橋書店街。這條街有許多二手書店，充滿懷舊的氣氛，而書店街中目前最熱門的書店，是因連續劇《孤單又燦爛的神——鬼怪（쓸하고찬란하神-도깨）》而爆紅的「韓美書店（한미서점）」。

　　因此劇有許多外景都在仁川取景的關係，許多鬼怪迷紛紛來到仁川朝聖。而這間韓美書

路旁甚至還放了「鬼怪」外景地分布地點和分鏡表的海報，並以中英韓3國語言標示。

店，鮮黃色的外觀相當搶眼，既然是鬼怪大叔最愛的書店，當然也成為「鬼怪」迷的必訪之地囉！

另外，如果你是愛貓人士，那麼請別錯過位於韓美書店旁的「舞蝶書店（나비날다책방）」，這間書店位於地下道出口，裡面有許多貓咪繪本和雜貨，而且還有隻可愛的招財貓平時總愛在書上走來走去，或是把書當床睡；不過畢竟是擁有一顆自由靈魂的貓咪，必須夠幸運才見得到本尊啊！

像是節目《超人回來了（슈퍼맨이 돌아왔다）》裡的小露熙（奇太映與柳真夫婦之女）和爸爸來到船橋書店街時，不但在舊書店翻到了柳真當年以S.E.S.成員身分推出的偶像寫真集，也在此店幸運地遇到了半月呢！喜歡貓咪的朋友，來到仁川可別忘了去見見這隻貓咪界的網紅哦！

店家資訊

韓美書店

🚇 地鐵1號線東仁川站4號出口，
　　徒步約10分鐘

📍 인천광역시 동구 금곡로 7-1
　　（금곡동）
　　7-1 Geumgok-ro, Dong-gu,
　　Incheon, South Korea

🕐 10：00～11：00

休 週一

☎ 032-773-8448

🌐 https://booknstory.blog.me

有緣的話還可以看到店內的招財貓「半月」哦！

左 舞蝶書店位於地下道出口處。　右 店內有各式各樣貓咪的相關繪本與書籍。

近郊之旅　仁川小旅行

gallery café（극장앞 갤러리）

04

若是從韓美書店直接前往新浦國際市場的話，路上會經過一間名叫「gallery café」的咖啡店，就位在電影院的斜對面。會走進這間咖啡店其實是個意外，當時只是看到門口小情侶喝的飲料冰塊好特別，沒想到意外發現很棒的咖啡，尤其是冷泡咖啡，喝起來又香又甘醇，完全沒有苦澀味，非常推薦！！

店家資訊

交 地鐵1號線東仁川站2號出口，
徒步約8分鐘

址 인천광역시 중구 개항로 66（경동）
66 Gaehang-ro, Jung-gu, Incheon,
South Korea

營 11：00～22：00

註 英文可通

電 032-772-9504

FB https://www.facebook.com/
infrontoftheater

左 看似一間不起眼的小店，裡面可是藏有美味的咖啡呢！

右上 店內每個角落的風格都不太一樣，並放置了一些古董，是一間很有味道的小店。

右下 大熱天裡何不來杯冰冰涼涼、又香又甘醇的冷泡咖啡呢！？（COLD BREW；₩4,000）

05
新浦國際市場（신포국제시장）

來到仁川，一定要來一趟新浦國際市場；來到新浦國際市場，一定要吃什麼呢？答案就是炸雞啦！

一入新浦國際市場，一定會看到一個特殊景象，那就是左右二旁長長的人龍，大家都在乖乖排隊等候現炸的炸雞。這裡的調味炸雞和其他地方不同，店家會將炸好的雞肉均勻拌上醬料，之後再撒上大量香味撲鼻的花生，因此炸雞吃起來又香又濃又入味，味道雖辣，但卻辣得超過癮。除此之外，此市場的魚糕也是不容錯過的小點心哦！

⬆ 新浦國際市場的入口。市場內擠滿了人，非常熱鬧。

⬇ 超人氣魚糕店，現炸的魚糕又香又好吃，每條都賣₩1,000。

又香又辣的調味炸雞（닭강정；中₩12,000）。外帶才要排隊，內用不用排哦！

店家資訊

🚇 地鐵1號線東仁川站2號出口，徒步約8分鐘

🏠 인천광역시 중구 우현로49번길 일대（신포동）
　　Uhyeon-ro 49beon-gil Jung-gu, Incheon, South Korea

🕙 10：00～21：00

🚫 每月第二週的週日、元旦、春節、中秋連假

☎ 032-772-5812

🌐 sinpomarket.com

此市場最有名的就是2條人龍。元祖新浦炸雞（藍色招牌；원조신포닭강정）、ChanNuRi（橘色招牌；신포찬누리닭강정）2家炸雞店各有支持者。

 06
松島中央公園（송도 센트럴파크）

　目前還在不斷開發中的「松島國際都市」臨近仁川機場，是填海造地而成的科技新城，韓綜《超人回來了（슈퍼맨이 돌아왔다）》裡的三胞胎大韓、民國、萬歲與足球國手李同國的五胞胎都住在這裡。遠離喧囂的松島，不但環境優美、氣氛也很悠閒，搭機返國前、或是前一晚若有時間的話，很適合來此地停留片刻。

右側的大廈是東北亞貿易大廈。水上計程車與足浴就位於水道的尾端。

右上 左上 多功能文化空間「Tri-bowl」。 左下 快尋找隱藏版KITTY的下落。
右下 來公園散步居然還可以泡免費的海水足浴，實在是太棒了。（開放時間每月不同）

來到松島，一定會提到松島中央公園，這座公園是韓國國內第一個利用海水建造水道的海水公園。在這條水道上不但可以搭乘水上計程車，也可以划船或划獨木舟，此外，公園裡還有引入海水的足浴可泡唷！

而為紀念仁川世界都市節而建的「Tri-bowl」，則是松島的地標之一，象徵天空、海洋與大地，是一個多功能文化空間。來到這裡，別

公園資訊

交 地鐵仁川1號線中央公園站3號出口
（近Tri-bowl）
地鐵仁川1號線仁川大入口站4號出口
（近海水足浴）

址 인천광역시 연수구 인천타워대로 234 (송도동)
234 Incheon Tower-daero, Yeonsu-gu,
Incheon, South Korea

電 032-721-4405

網 www.insiseol.or.kr

水上計程車搭乘資訊

營 （平日）10：00～19：00
（週末）10：00～21：00

價 （大人）₩4,000 /（小孩）₩2,000

🄛 中央公園旁的慶源齋韓屋飯店，也是《孤單又燦爛的神—鬼怪（쓸하고찬란하神-도깨）》外景地之一。
🄡 宋仲基與宋慧教在《太陽的後裔（태양의 후예）》中約會的咖啡店，就位在中央公園旁。

忘了走一下連續劇《藍色大海的傳說（푸른바다의전설）》中李敏鎬走過的小道，也別忘了尋找一下隱藏版KITTY的下落哦！

除此之外，說到松島中央公園，就不得不提一下公園旁的「dal.komm coffee」，因為韓劇《太陽的後裔（태양의 후예）》曾在這裡取景呢！男女主角因此戲結緣，結為夫妻，此店的飲品也因為宋宋夫妻，而將名稱改成了宋宋巧克力（SONG SONG CHOCO），戲迷們去朝聖時，別忘了點來嚐嚐哦！

店家資訊

dal.komm Coffee松島中央公園店

🚆 地鐵仁川1號線仁川大入口站4號出口，
徒步約15分鐘

🏠 인천광역시 연수구 센트럴로 160
송도센트럴파크푸르지오（송도동）
160 Central-ro, Yeongsu-gu, Incheon,
South Korea

🕐 08：00～23：00

🚫 全年無休

☎ 032-858-0504

🌐 www.dalkomm.com.my

附錄

旅遊韓文開口說

日常會話篇

1 你好。

안녕하세요 . [an.nyeong.ha.se.yo]

2 再見。

안녕히 계세요 . [an.nyeong.hi gye.se.yo]

3 是 / 不是。

네 . / 아니요 . [ne / a.ni.yo]

4 謝謝。

감사합니다 . [gam.sa.ham.ni.da]

5 不客氣。

아니에요 . [a.ni.e.yo]

6 對不起。

미안해요 . [mi.an.hae.yo]

7 請問化妝室在哪裡？

화장실이 어디예요？ [hwa.jang.si.li eo.di.ye.yo]

8 請幫我拍照。

사진을 찍어주세요 . [sa.ji.neul jji.geo.ju.se.yo]

9 我從台灣來。

대만에서 왔어요 . [dae.ma.ne.seo wa.sseo.yo]

⑩ 很高興認識你。

만나서 반갑습니다 . [man.na.seo ban.gap.sseum.ni.da]

⑪ 有人會說中文嗎？

중국어를 할 줄 아세요 ? [jung.gu.geo.reul hal jul a.se.yo]

飲食篇

❶ 店員：請問幾位？

직원 : 몇 분이세요 ? [myeot bu.ni.se.yo]

顧客：～位 / 1 位 / 2 位 / 3 位 / 4 位。

손님 : - 명 / 1 명 / 2 명 / 3 명 / 4 명
　[~myeong / han myeong / du myoeong / se myeong / ne myeong]

❷ 請給我～ / 請給我這個 / 請給我菜單 / 請給我收據。

- 주세요 . / 이거 주세요 . / 메뉴 주세요 . / 영수증 주세요 .

[~ju.se.yo / i.geo ju.se.yo / me.nyu ju.se.yo / yeong.su.jeung ju.se.yo]

❸ 我不吃～（牛肉 / 豬肉）。

저는 _____ 를 안 먹어요 . (소고기 / 돼지고기)

[jeo.neun _____reul an meo.geo.yo (so.go.gi / dwae.ji.go.gi)]

❹ 好辣 / 請不要做太辣。

매워요 . / 너무 맵지 않게 해 주세요 .

[mae.wo.yo / neo.mu maep.ji an.ke hae ju.se.yo]

❺ （呼叫服務生）不好意思～

여기요 . [yeo.gi.yo]

❻ 多少錢？

얼마예요？ [eol.ma.ye.yo]

❼ 可以用信用卡嗎？

카드를 받습니까？ [ka.deu.reul bat.sseum.ni.kka?]

❽ 有沒有～？（請套用下方單字）

- 있어요？ [~i.sseo.yo]

泡菜	生菜	韓國紫蘇	飯卷	冷麵
김치	상추	깻잎	김밥	냉면
gim.chi	sang.chu	kkaen.nip	gim.bap	naeng.myeon
筷子 / 叉子 / 湯匙			紙巾	水
젓가락 / 포크 / 숟가락			휴지	물
jeot.ga.lak / po.keu / sut.ga.lak			hyu.ji	mul
啤酒 / 燒酒 / 馬格利			汽水 / 咖啡	
맥주 / 소주 / 막걸리			사이다 / 커피	
maek.ju / so.ju / mak.geol.li			sa.i.da / keo.pi	

觀光篇

❶ 我想去～（請套用下頁單字）

- 가고 싶어요. [~ga.go si.peo.yo]

❷ ～在哪裡？

- 어디예요？（請套用下頁單字） [~eo.di.ye.yo]

❸ 這裡是哪裡？

여기 어디예요？ [yeo.gi eo.di.ye.yo]

④ 請問是在這地圖的哪裡？

이 지도에 어디예요？ [i ji.do.eo eo.di.ye.yo]

⑤ 離這裡很遠嗎？

여기서 멀어요？ [yeo.gi.seo meo.leo.yo]

⑥ 請問～在幾樓？

몇 층이에요？ [myeot cheung.i.e.yo]

⑦ 請問這裡可以拍照嗎？

여기서 사진 찍어도 돼요？ [yeo.gi.seo sa.jin jji.geo.do dwae.yo]

⑧ 可以一起拍照嗎？

같이 사진 찍어도 돼요？ [ga.chi sa.jin ji.ggeo.do dwae.yo]

車站	便利商店	入口 / 出口	市場	廁所
역	편의점	입구 / 출구	시장	화장실
yeok	pyeo.ni.jeom	ip.gu / chul.gu	si.jang	hwa.jang.sil
郵局	藥房	咖啡店	麵包店	WiFi
우체국	약국	커피 숍 / 카페	빵집	와이파이
u.che.guk	yak.kkuk	keo.pi syop / ka.pe	ppang.jip	wa.i.pa.i

交通 & 緊急用語

① 請幫我叫計程車。

택시 좀 불러 주세요. [taek.si jom bul.leo ju.se.yo]

② 請問哪裡可以買交通卡（T-money）？

교통카드 어디에 살 수 있어요？

[gyo.tong.ka.deu eo.di.e sal su i.sseo.yo]

❸ 請幫我充電。

　　충전해 주세요 . [chung.jeon.hae ju.se.yo]

❹ 請問這裡有 WiFi 嗎？

　　여기 혹시 WI-FI 있으세요？ [yeo.gi hok.si wa.i.pa.i i.sseu.se.yo]

❺ 請幫幫我！

　　도와주세요 . [do.wa.ju.se.yo]

❻ 我把～弄丟了 / 我把護照弄丟了。

　　- 을 / 를 잃어버렸어요 . / 여권을 잃어버렸어요 .
　　[~eul / reul i.leo.beo.ryeo.sseo.yo / yeo.gwo.neul i.leo.beo.ryeo.sseo.yo]

❼ 我身體不舒服。

　　몸이 안 좋아요 . [mo.mi an jo.a.yo]

❽ 頭痛。

　　머리가 아파요 . [meo.ri.ga a.pa.yo]

❾ 喉嚨痛。

　　목이 아파요 .　[mo.gi a.pa.yo]

❿ 肚子痛 / 牙痛。

　　배가 아파요 . / 치통　[bae.ga a.pa.yo / chi.tong]

　　若是有機會在街上遇到男神、女神、小鮮肉呢？別說不可能，在下就曾經在街上巧遇了男神孔劉先生（淚）。那麼這個時候請跟我這樣說：

1 歐爸，你好帥！

　　오빠 멋있어요 . [o.ppa meo.si.sseo.yo]

2 姊姊，你好漂亮！

　　누나 예뻐요 . [nu.na ye.ppeo.yo]

重點 1

　　在韓國男生女生稱呼哥哥姐姐的叫法不同，

男生用法：姊姊（누나；nu.na）/ 哥哥（형；hyeong）

女生用法：姊姊（언니；eon.ni)）/ 哥哥（오빠；o.ppa）

重點 2

　　要跟歐爸說歐爸好帥時，記住一定要用「멋있어요（meo.si.sseo.yo）」，千萬不要口誤說成了「맛있어요（ma.si.sseo.yo）」，後者是可口、美味之意。不然原本要稱讚歐爸好帥，卻說成歐爸好可口的話……，那可就誤會大了（笑）。

全書景點分區地圖

派出所
青年辣雞爪1987
沱羅中央線
OU
滿足豬腳
One bite
GS25
GS25
星巴克
kkanbu炸雞
2號線
弘大入口站
MINI STOP
BUTTER
KAKAO FRIENDS
HONG'S 辣炒小章魚
怪獸起司年糕
ABC MART
chuu
CU
米米食堂
神仙雪濃湯
STYLENANDA
el CUBE LINE FRIENDS
SPAO
旅遊諮詢處
西橋小學
咖啡王子一號店
9Brick Hotel
校村炸雞
漢堡王
亂打秀弘大劇場
CU
7-11
Cafe de ONE PIECE
星巴克
GS25
ARTBOX
雪冰 (2F)
弘益兒童公園
正門
弘益大學 (首爾校區)
KT&G
校村炸雞
401餐廳
kkanbu炸雞
7-11
星巴克
昭福
7-11
Blüte
object
停車場街
往上水站

弘大一帶

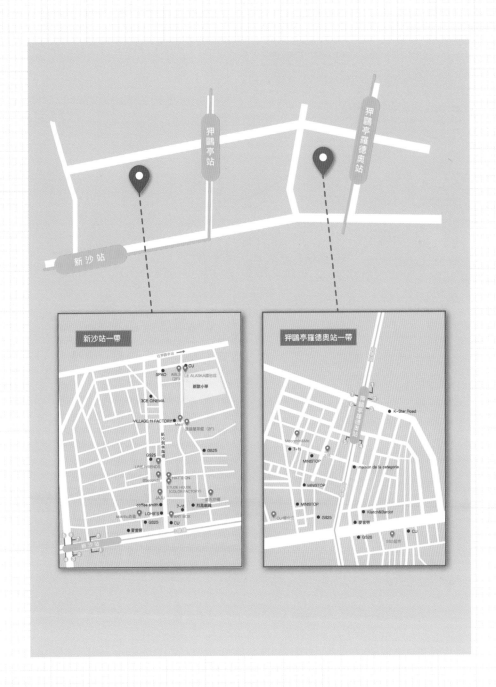

狎鷗亭羅德奧站一帶

盆唐線

狎鷗亭羅德奧站

1
7
2
6
3
● K-Star Road

5
4

Moonmin&Me

● 7-11

515

● MINISTOP

● maison de la categorie

● MINISTOP

盆唐線

● MINISTOP

● Klatch&Bardot

Our麵包店

● GS25

● 麥當勞

● CU

● GS25

SSG超市

新沙站一帶

往狎鷗亭站 →

SPAO

ABLE (2F)

CU

LE ALASKA麵包店

新歐小學

3CE CINEMA

VILLAGE 11 FACTORY

Meal°

寶錫蘭茶館 (2F)

新沙洞林蔭道

GS25

GS25

LINE FRIENDS

8Seconds

HAT'S ON

ETUDE HOUSE (COLOR FACTORY)

JAJU

一道氏炒腸

coffee smith

7-11

烈鳳嫩雞

kkanbu炸雞

LOHB'S

ART BOX

GS25

CU

麥當勞

3號線

5 6 7 8

新沙站

2 1

4 3

273

西村、三清洞、仁寺洞一帶

8景　←樓梯向下　6景

寒碧園美術館　7景　　　　個人取向外景地
　　　　　yeon　　4景　　5景

三清洞街　佳畫堂

派出所

咖啡磨坊

大瓦房　齋洞小學

CAFE BORA　eunnamu　7-11

德成女子中學　德成女子高中

中央高中　苑西洞　2景

CU

3景

新村金庫

GS25

MINISTOP

gumbook banana

1景

昌德宮

麥當勞　GS25　②③

安國站　⑦

⑥　⑤④

旅遊諮詢處　SK加油站　雲峴宮洋館

GS25　　雲峴宮

o'sulloc　nuRi　德成女子大學（鍾路校區）

仁寺洞宣傳館　从Ssamziegil

仁寺洞路

MINISTOP

CU

鍾路老奶奶刀削麵　⑥　⑦

公平洞烤盲鰻總店

5號線　鍾路3街站　鍾路3街站　⑧

⑤　④　③

7-11

7-11　塔谷公園　⑨

渣打銀行　②　3-1

①　③　2-1　⑩⑪

鍾閣站　③　鍾路3街站

3號線　①　①

⑥　④

⑤　⑮⑭　⑬⑫

Olive Young

星巴克

星巴克　CU

公平洞烤盲鰻（2號店）

275

YG REPUBLIQUE
旅遊諮詢處
OLIVE YOUNG本店
聖堂入口
COFFEE LIBRE
ZARA H&M
jetty CHOO CHOO
(MOON SQUARE 3F)
亂打秀明洞劇場
8Seconds
神仙雪濃湯
明洞聖堂
7-11
ABC MART
明洞中央路
M PLAZA
ART BOX
漢城華僑小學
STYLENANDA
首爾中央郵局
ART BOX
LINE FRIENDS
CU
7-11
CU
UNIQLO
5 6
7 8
9 10
CU
CU
4號線
明洞站
4
3
2
1
Hotel New Oriental
Myeongdong
7-11
GS25
7-11
Pacific Hotel
徒步
MINISTOP
GS25
透明電梯搭乘處
明洞一帶（N首爾塔）
南山纜車站
往N首爾塔

276

城北洞一帶

吉祥寺
OVOCO
法淨寺
ALEX the coffee
壽硯山房
仙洞大麥飯　CU　城
　　　　　　　北
　　　　　　　洞
　　　　　　　街
smart
城北洞豬肉排骨店　城北小學
Slow Garden
congzip咖啡
7-11
首－爾－城·郭
警新高中
臥龍公園方向 ←
警新中學
派出所
GS25
7-11
NAPOLEON麵包店
首　　　CU　6　7
爾　　　　　5
惠化門　　　4　3　2　1
漢城大入口站
4號線
城
　　郭
　　↓
　往駱
　山公
　園

世界盃市場

可樂餅

望遠市場

福德房馬格利小酒館

東京刨冰

KYUSU炸雞

望理團路

• GS25

• CU

• ZAPANGI

太陽食堂

• VIVA SALON

817WORK SHOP

• 7-11

• GS25

望遠洞、合井站一帶

GS25 •

1.5拉麵 •

望遠洞提拉米蘇

YG娛樂公司 •

SK加油站 •

國家圖書館出版品預行編目資料

一玩再玩！首爾怎樣都好玩 / 談曉珍著
-- 初版 -- 臺北市：瑞蘭國際, 2018.02
288面；17×23公分 --（PLAY達人系列；06）
ISBN：978-986-95750-0-3（平裝）
1.旅遊 2.韓國首爾市

732.7609   106021585

PLAY達人系列 06

一玩再玩！首爾怎樣都好玩

作者｜談曉珍・責任編輯｜林家如、王愿琦
校對｜談曉珍、林家如、王愿琦、潘治婷

封面、版型設計、內文排版｜余佳憓・地圖繪製｜林士偉

董事長｜張暖彗・社長兼總編輯｜王愿琦・主編｜葉仲芸
編輯｜潘治婷・編輯｜林家如・編輯｜林珊玉・設計部主任｜余佳憓
業務部副理｜楊米琪・業務部組長｜林湲淘・業務部專員｜張毓庭
編輯顧問｜こんどうともこ

法律顧問｜海灣國際法律事務所　呂錦峯律師

出版社｜瑞蘭國際有限公司・地址｜台北市大安區安和路一段104號7樓之1
電話｜(02)2700-4625・傳真｜(02)2700-4622・訂購專線｜(02)2700-4625
劃撥帳號｜19914152 瑞蘭國際有限公司
瑞蘭國際網路書城｜www.genki-japan.com.tw

總經銷｜聯合發行股份有限公司・電話｜(02)2917-8022、2917-8042
傳真｜(02)2915-6275、2915-7212・印刷｜科億印刷股份有限公司
出版日期｜2018年02月初版1刷・定價｜380元・ISBN｜978-986-95750-0-3

PRINTED WITH
SOY INK　本書採用環保大豆油墨印製

瑞蘭國際